Das Werden
des Palästinenserstaates

AF821103

Europäische Hochschulschriften
Publications Universitaires Européennes
European University Studies

Reihe II
Rechtswissenschaft

Série II Series II
Droit
Law

Bd./Vol. 3307

PETER LANG
Frankfurt am Main · Berlin · Bern · Bruxelles · New York · Oxford · Wien

Susanne Giannios

Das Werden des Palästinenserstaates

Eine Untersuchung unter besonderer Berücksichtigung des Völkerrechts

PETER LANG
Europäischer Verlag der Wissenschaften

Die Deutsche Bibliothek - CIP-Einheitsaufnahme

Giannios, Susanne:

Das Werden des Palästinenserstaates : eine Untersuchung unter besonderer Berücksichtigung des Völkerrechts / Susanne Giannios. - Frankfurt am Main ; Berlin ; Bern ; Bruxelles ; New York ; Oxford ; Wien : Lang, 2002
(Europäische Hochschulschriften : Reihe 2, Rechtswissenschaft ; Bd. 3307)
ISBN 3-631-38703-2

Die Arbeit wurde von
Professor Dr. Dieter Blumenwitz,
Universität Würzburg,
zur Veröffentlichung empfohlen.

ISSN 0531-7312
ISBN 3-631-38703-2

© Peter Lang GmbH
Europäischer Verlag der Wissenschaften
Frankfurt am Main 2002
Alle Rechte vorbehalten.

Das Werk einschließlich aller seiner Teile ist urheberrechtlich geschützt. Jede Verwertung außerhalb der engen Grenzen des Urheberrechtsgesetzes ist ohne Zustimmung des Verlages unzulässig und strafbar. Das gilt insbesondere für Vervielfältigungen, Übersetzungen, Mikroverfilmungen und die Einspeicherung und Verarbeitung in elektronischen Systemen.

www.peterlang.de

Meinem Lehrer

QUO USQUE TANDEM ?

Angefertigt wurde die vorliegende Untersuchung an der Hochschule für Politik München, institutionell selbständige Einrichtung an der Ludwig-Maximilians-Universität München. Die unabhängige Bewertung mit Note „sehr gut“ von Seiten beider Gutachter ermöglichte, die Arbeit in die Europäische Hochschulschriftenreihe des Lang-Verlages aufzunehmen.

Von ganzem Herzen danken möchte ich Herrn Prof. Dr. Dieter Blumenwitz für all die reichliche Zeit und interessierte Aufgeschlossenheit, die er bei der Betreuung dieser Untersuchung für jegliche Arbeitsetappe fand.

Neben meiner Familie und meinen Freunden, die mir bemerkenswert rücksichtsvoll begegneten, möchte ich besonders meiner Freundin Wafa danken, die mir während meines Forschungs- und Rechercheaufenthalts im Nahen Osten als arabisch-deutsche Dolmetscherin eine wertvolle Begleiterin war. Wie gerne denke ich zurück an unsere gemeinsamen Tage in Israel und den Palästinensergebieten !

München, im Juli 2001 *Susanne Giannios*

EINFÜHRUNG

DAS WERDEN DES PALÄSTINENSERSTAATES

SCHLUSSBETRACHTUNG

EINFÜHRUNG

SCHLUSSBETRACHTUNG

aaO / AaO	*am angegebenen Ort*
Abs.	*Absatz*
AL	*Arabische Liga*
Art.	*Artikel*
DFLP	*Democratic Front for the Liberation of Palestine*
DCO	*Joint District Coordination Offices*
DOP	*Declaration of Principles*
FAZ	*Frankfurter Allgemeine Zeitung*
GA	*General Assembly (Generalversammlung der Vereinten Nationen)*
IA	*Interimsabkommen*
I.L.R.	*Israel Law Review*
I.L.M.	*International Legal Materials*
J.P.S.	*Journal of Palestine Studies*
JSC	*Joint Coordination and Cooperation Committee for Mutual Security Purposes*
NZZ	*Neue Zürcher Zeitung*
PA	*Palestinian Authority (Palästinensische Autonomiebehörde)*
PFLP	*Popular Front for the Liberation of Palestine*
PLO	*Palestine Liberation Organization (Palästinensische Befreiungsorganisation)*
PNC	*Palestinian National Council (Palästinensischer Nationalrat, Exilparlament)*
Res.	*Resolution*
RSC	*Joint Regional Security Committee*

Rz.	*Randziffer*
SC	*Security Council (Sicherheitsrat der Vereinten Nationen)*
SVN	*Satzung der Vereinten Nationen*
SZ	*Süddeutsche Zeitung*
UN / UNO	*United Nations Organization*
UNRWA	*United Nations Relief and Works Agency for Palestine Refugees in the Near East (UN-Hilfswerk für palästinensische Flüchtlinge im Nahen Osten)*
VB	*Völkerbund*
VBS	*Völkerbund-Satzung, Völkerbund-Statut*
Ziff.	*Ziffer*

A. Aktualität des Forschungsgegenstandes

„The Government of the State of Israel and the P.L.O. team ... agree that it is time to put an end to decades of confrontation and conflict, recognize their mutual legitimate and political rights, and strive to live in peaceful coexistence and mutual dignity and security and achieve a just, lasting and comprehensive peace settlement and historic reconciliation through the agreed political process.“ [2]

Gegenwärtige Eruption der Gewalt bis hin zu exzessiver Inhumanität, das Ergreifen von Repressalien und Gegenrepressalien [3] sowie wiederholte Verlautbarungen, der Friedensprozess zwischen Israelis und Palästinensern sei definitiv erstickt,[4] entziehen diesen Worten der Prinzipienerklärung zwischen Israel und der Palästinensischen Befreiungsorganisation, PLO, aus dem Anfangsjahr des Osloer Prozesses 1993 jegliche Glaubwürdigkeit. Die Worte klingen vielmehr wie wohlgemeinte Absichtserklärungen aus einer unwiederbringlichen Ära.

---

1 „Quo usque tandem ... ?“ „Wie lange noch ... ?“ Wendung aus dem Lateinischen, hier den Anfangsworten Ciceros erster Rede gegen Catilina entnommen.

2 Präambel der israelisch-palästinensischen *Declaration of Principles* von 1993.

3 Mehr als 220 Tote und 7.000 Verletzte forderten bürgerkriegsähnliche Auswüchse seit September 2000 auf dem ehemaligen Mandatsgebiet Palästina (Israel und die Palästinensergebiete) bereits in den ersten Wochen (Zahlen des Palästinensischen Roten Halbmondes von November 2000), die Kulminationspunkte wie etliche Todesopfer unter israelischen und palästinensischen Jugendlichen und Kindern, Lynchmorde an israelischen Soldaten und israelische Bombardements öffentlicher palästinensischer Gebäude mit sich brachten.
Vgl. exemplarisch für die intensive Berichterstattung der betreffenden Zeit: Beyer, Lisa, *Breaking Point*, in: Time, Vol. 156, No. 17, 23. Oktober 2000, S. 34-39; Bednarz, Dieter / Follath, Erich / Grossbongardt, Annette, *„Schlachthaus der Religionen“*, in: Der Spiegel, Nr. 42 / 2000, S. 238-251; zur Provokation, die die Gewalt eskalieren ließ vgl. Szpiro, George, *Sharons provokanter „Spaziergang“ auf dem Tempelberg*, in: NZZ, Nr. 227, 29. September 2000.

4 Vgl. Windfuhr, Volkhard, *„Der Friedensprozess ist tot“*, Interview mit Marwan Barghuti, PLO-Sprecher, in: Der Spiegel, Nr. 43 / 2000, S. 208 und Bednarz, Dieter / Grossbongardt, Annette / Windfuhr, Volkhard, *„Unser Blut für Arafat“*, in: Der Spiegel, Nr. 43 / 2000, S. 204-206.

Der Einigungsprozess zwischen dem Staat Israel und der PLO als Vertreterin des palästinensischen Volkes erfuhr seither Zeiten des Aufwindes und ebenso der Tiefschläge, des Durchbruchs und der Stagnation. Eine Krise in Form der Gewaltausschreitungen und Wutausbrüche seit September 2000 zu überwinden, stellt indes eine durchweg neue Anforderung nicht nur an die Konfliktparteien selbst, sondern auch an die internationale Staatengemeinschaft dar. Ob eine Fortführung des palästinensischen Staatsbildungsprozesses angesichts des rasant und fundamental vergifteten politischen Klimas im Nahen Osten im Bereich des Möglichen liegt, bleibt fraglich.

Gleichwohl brachten die ersten neun Jahre des Osloer Friedensprozesses seit 1993 in Hinblick auf palästinensische Eigenstaatlichkeit konkrete Resultate, an deren Untersuchung hohes Interesse besteht. Denn seit der Palästina-Teilungsresolution der Vereinten Nationen aus dem Jahre 1947 brachten die 1990er Jahre die bislang aussichtsreichste Perspektive für die Errichtung eines unabhängigen und souveränen Palästinenserstaates auf einem Teil des ehemaligen Mandatsgebiets Palästina, indem dort sukzessiv eine palästinensische Autonomie eingerichtet und ausgeweitet wurde.

Worauf beruht eigentlich das Zustandekommen des Autonomieprozesses im Westjordanland und im Gazastreifen ? Welche konkreten Ergebnisse in Hinblick auf palästinensische Eigenstaatlichkeit brachten die israelisch-palästinensischen Abkommen bereits ? Wie weit ist der palästinensische Staatsbildungsprozess in der Realität vorangeschritten ? Welche Kernprobleme und kompromisslosen Ansprüche bremsen die Staatswerdung und welche Perspektiven bieten sich zu derer Bewältigung ?

Diese Fragen zu beantworten, ist Zielsetzung der vorliegenden Arbeit, die vornehmlich aus völkerrechtlicher Sicht die palästinensische Staatswerdung untersuchen und bewerten wird. Denn besonders im hoch-emotionalisierten israelisch-palästinensischen Konflikt bietet das Völker-recht eine sachliche und nüchterne Bewertungsgrundlage der historischen Gegebenheiten, der aktuellen Geschehnisse und der politischen Zukunftsziele. Auf das Fundament des Völkerrechts sollte schließlich auch die endgültige Beilegung der Palästinenserfrage, ein Friedensvertrag zwischen dem palästinensischen Volk und Israel, gebettet sein, um sich als gerecht und dauerhaft zu erweisen.

Zu befürchten bleibt vor dem Eindruck der momentanen Gewalteruption freilich, dass eine friedliche Streitbeilegung zwischen Israel und den Palästinensern in Konformität mit dem Völkerrecht in unabsehbare Ferne verdrängt und der palästinensische Staatsbildungsprozess somit eingefroren oder gar durch Israel revidiert werden könnte. Doch besteht allein schon insofern hohes Forschungsinteresse an der vorliegenden Thematik, als der *status quo* des palästinensischen Staatsaufbaus und der Endstatusverhandlungen zwischen Israel und der PLO bis zum Ausbruch der sogenannten *Intifada II* im September 2000 untersucht und dokumentiert wird. An diesen nun kann erneut angeknüpft werden, sobald Rationalität wieder Oberhand über Emotionalität gewonnen haben wird, was nur allzu sehr zu begrüßen wäre.

B. Gang der Untersuchung

In einem kurzen Einleitungskapitel soll zunächst eine Auswahl derjenigen Vorbedingungen des palästinensischen Staatsbildungsprozesses vorgestellt werden, die für den Fortgang der Arbeit von Relevanz und für deren Verständnis hilfreich sind. Auf eine historische Darstellung der israelisch-palästinensischen Konfrontation bzw. des Nahost-Konflikts wird also in dieser Untersuchung bewusst verzichtet. Wo es hingegen angebracht scheint, wird auf den historischen Hintergrund rekurriert – dies zum Teil im Fußnotenapparat, dem auch jeweils weiter-führende Literaturangaben entnommen werden können.

Das zweite Kapitel wird sodann den *status quo*, die vertraglich vereinbarte und sukzessiv errichtete palästinensische Autonomie, beleuchten und hierbei, obgleich es sich (noch) nicht um einen Staat handelt, das palästinensische Gemeinwesen gemäß der Drei-Elemente-Lehre der Völkerrechtstheorie in seinen Bestandteilen Staatsgewalt, Staatsvolk und

Staatsgebiet untersuchen. Hier bilden die Osloer Verträge die Basis, aber nicht die alleinige Quelle. Denn der vertragliche Anspruch (*Law in the books*) soll auch in Relation zu der rechtlichen und politischen Wirklichkeit (*Law in action*) gesetzt werden.

Den eigentlichen Höhepunkt der Arbeit bildet das dritte und letzte Kapitel, das jene Kernprobleme vorstellen wird, die es für einen endgültigen Status des palästinensischen Gemeinwesens noch zu lösen gilt und die schon durch die Osloer Verträge auf eine separate Endstatus-Verhandlungsschiene gelegt worden sind. Nicht nur die Wurzeln dieser Konfliktpunkte, aus deren Kontext ihr andauerndes Fortbestehen zu interpretieren ist, werden offengelegt. Um Impulse zu einer nicht emotionalisierten, sondern sachlichen Bewertung von Aspirationen und Ansprüchen der Konfliktparteien zu geben, wird darüber hinaus die Völkerrechtslage klargestellt und auf dieser Basis werden schließlich zu jedem einzelnen der Kernprobleme Lösungsoptionen diskutiert.

Häufig sind Zitate in der Originalsprache der Quellen – zumeist Englisch – in den Text eingeflochten, insbesondere um diesem mehr Authentizität zu verleihen, aber auch um Ungenauigkeiten durch Übersetzung zu vermeiden. Um eine Möglichkeit zur rascheren Erfassbarkeit und zum tieferen Verständnis der Ausführungen anzubieten, sind im Anhang einige Graphiken und zahlreiche Abbildungen angefügt, auf die im Verlauf der Untersuchung an gebotener Stelle jeweils verwiesen wird.

Fachausdrücke und Originalbezeichnungen wie beispielsweise englische Namen von Verträgen oder Institutionen werden in der Regel kursiv geschrieben. Bezüglich der Schreibweise von hebräischen und arabischen Eigennamen sind in der Literatur und den Printmedien stark differierende Schreibweisen anzutreffen. In dieser Untersuchung wird der Einheitlichkeit in der Schreibweise, nicht aber einer orthodoxen Umschrift Priorität eingeräumt.

C. Quellenlage

Bei der Recherche des vorliegenden Forschungsgegenstands standen mannigfache Quellen zur Verfügung, die – nicht zuletzt um ihrer Vielfalt gerecht zu werden – alternierend verwendet wurden. Der historische Kontext dieser Arbeit stützt sich zumeist auf völkerrechtliche Literatur zur Palästinenserfrage, die Analyse des *status quo* zu einem bedeutenden Teil – wie bereits angesprochen – auf das Osloer Vertragswerk selbst. Aufgrund der hohen Aktualität dienten bezüglich der Endstatusfragen insbesondere Essays jüngeren Datums sowie ausführliche Hintergrundreportagen und Kommentare renommierter Korrespondenten und Redakteure, aber wegen ihres Informationswertes auch weniger umfangreiche Meldungen aus der Presse. Im Literaturverzeichnis aufgeführt sind allerdings nur diejenigen Presseveröffentlichungen, die einen bedeutenden Anteil an Hintergrundinformationen und nicht lediglich nachrichtlichen Inhalt bergen. Artikel dieser Art sind allein im Fußnotenapparat angeführt.

Bei der Auswahl der Quellen ist insbesondere bezüglich des israelisch-palästinensischen Konflikts darauf zu achten, sich nicht in den Bann einseitiger, unausgewogener Argumentationen ziehen zu lassen, die in ausreichendem Maße – sei es von jüdisch-israelischer oder von palästinensisch-arabischer Seite – anzutreffen ist. Daher wurden bestimmte Autoren bewusst ausgeklammert und andere lediglich punktuell an den Stellen zitiert, an denen die einseitige Färbung nicht ins Gewicht fällt. Zu Recherchezwecken intensiv genutzt wurde ebenso das Internet, weshalb sich im Anhang ein Verzeichnis hilfreicher und weiterführender Internetadressen findet. Da dieses Medium allerdings keine mit der gedruckten Literatur vergleichbare Kontinuität aufweist, muss einkalkuliert werden, dass zitierte Internetadressen vereinzelt nicht mehr die entsprechenden Quellen beinhalten.

Eine bedeutende Komponente der verwendeten Quellen stellen Resolutionen der Vereinten Nationen dar, die bezüglich bestimmter Konfliktpunkte im israelisch-palästinensischen Verhältnis in großer Anzahl und teilweise sogar regelmäßig verabschiedet wurden und noch immer werden. Resolutionen, die der UN-Sicherheitsrat verabschiedet hat, sind hierbei – zumeist aufgrund des von den USA eingelegten Vetos – freilich rarer gesät als die der UN-Generalversammlung. Folglich werden Resolutionen der UN-Generalversammlung öfter zitiert werden. Wenn sie auch keine rechtliche Bindungswirkung erzeugen, so besitzen sie doch Aussagekraft über die herrschende Rechtsüberzeugung der internationalen Staatengemeinschaft und über die Auslegung der Satzung der Vereinten Nationen.

KAPITEL I : VORBEDINGUNGEN DES PALÄSTINENSISCHEN STAATSBILDUNGSPROZESSES

Es war ein Zusammenspiel einer Vielzahl von Faktoren, die den palästinensischen Staatsbildungsprozess ermöglichten. Von elementarer Bedeutung ist zunächst, dass die Palästinenser Träger des Selbstbestimmungsrechts sind. Das Recht auf Selbstbestimmung nun ist ein facettenreicher Begriff im Völkerrecht und aus diesem Grund ist geboten, die Entwicklung, den Gehalt und auch die Determinanten des Selbstbestimmungsrechts im spezifischen palästinensischen Fall aufzuzeichnen. Sodann wird das politische Vertretungsorgan vorgestellt, das die Selbstbestimmungsansprüche des palästinensischen Volkes artikuliert und zu verwirklichen strebt.

Freilich erschöpft sich damit keineswegs die Liste der Vorbedingungen für den israelisch-palästinensischen Friedensprozess, der letztlich den palästinensischen Staatsbildungsprozess initiierte. Doch wird auf eine ausführliche Behandlung der politischen Konstellation in diesem Einleitungskapitel bewusst verzichtet, da sie für das Verständnis und die Nachvollziehbarkeit der folgenden Kapitel nicht unabdingbar ist.

In der zweiten Hälfte dieses Kapitels wird auf den Friedensprozess eingegangen, wobei folgende Fragen im Zentrum stehen: Welche Verträge welcher Art sind bislang zustande gekommen und welche großen Leitprinzipien für die zukünftige Koexistenz zwischen Israel und den Palästinensern wurden dort verbrieft ?

A. Das Recht des palästinensischen Volkes auf Selbstbestimmung

a. Selbstbestimmungssubjektivität der Palästinenser

Die Palästinenser sind als anerkanntes Volk Träger des Selbstbestimmungsrechts [1] und somit des Rechts, frei über ihren politischen Status zu entscheiden.[2] Selbstbestimmungsfähigkeit wurde bereits 1947 den palästinensischen Arabern in der Teilungsresolution 181 (II) der UN-Generalversammlung zuerkannt. Der Teilungsplan für das Mandatsgebiet Palästina (Abbildung 1) sollte seinerzeit als Grundlage zur Realisierung des palästinensisch-arabischen Selbstbestimmungsrechts dienen, anerkannte parallel dazu aber in gleicher Weise das Selbstbestimmungsrecht der Juden in Palästina.[3] Zur Umgehung von Konkurrenz und zur Minde-

---

1 Explizit erwähnt ist das Selbstbestimmungsrecht der Völker in Art. 1 Ziff. 2 SVN und deklaratorisch unterstrichen in Art. 55 SVN sowie stark bekräftigt jeweils in Art. 1 Abs. 1 der zwei Internationalen Menschenrechtspakte vom 19. Dezember 1966 (Internationaler Pakt über bürgerliche und politische Rechte, Internationaler Pakt über wirtschaftliche, soziale und kulturelle Rechte) und nochmals präzisiert in der GA-Resolution 2625 (XXV), der ‚Friendly Relations Declaration' vom 24. Oktober 1970.
Vgl. Doehring, Karl, *Das Selbstbestimmungsrecht der Völker*, in: Simma, Bruno (Hrsg.), *Charta der Vereinten Nationen: Kommentar*, München 1991, S. 15 ff.; Gornig, Gilbert, *Der Inhalt des Selbstbestimmungsrechts*, in: Politische Studien, Sonderheft 6, 1993, S. 11 ff.; Seidl-Hohenveldern, Ignaz, *Völkerrecht*, Köln u.a. 1997, S. 333 ff. und zu den Pakten S. 342 Rz. 1587.

2 Zu den potentiellen Inhabern des Selbstbestimmungsrechts vgl. Doehring, Karl, *Das Selbstbestimmungsrecht der Völker*, in: Simma, Bruno (Hrsg.), *Charta der Vereinten Nationen: Kommentar*, München 1991, S. 22 f. Rz. 27-31.

3 Gut vierhundert Jahre (1517-1917) lang war Palästina Teil einer arabischen Provinz des Osmanischen Reiches gewesen. Nachdem Großbritannien im Ersten Weltkrieg Palästina erobert hatte (1917), übertrug 1922 der Völkerbund den Briten das Mandat für dieses Gebiet. Die britische Herrschaft in Palästina hatte letztlich drei Jahrzehnte überdauert (1917-1947), bis sich Großbritannien durch die bürgerkriegsähnliche Gewalteskalation zwischen Juden und Arabern veranlasst sah, im Jahr 1947 die Palästinafrage und somit das Mandat in die Hände der Vereinten Nationen zu legen. Das eigens gebildete UNSCOP (*United Nations Special Committee on Palestine*) legte schließlich am 31. August 1947 zwei Lösungskonzepte zur Abstimmung in der UN-Vollversammlung vor. Gegen einen arabisch-jüdischen Bundesstaat mit

rung des Konfliktpotentials, konzipierten die Vereinten Nationen durch das Zwei-Staaten-Modell jeweils einen eigenen territorialen Bezugsrahmen für die Ausübung des Selbstbestimmungsrechts jeder der beiden Volksgruppen.[4] Bedeutend ist, dass mit der Teilungsresolution die Mehrheit in der Staatengemeinschaft [5] den palästinensischen Arabern das Recht auf Eigenstaatlichkeit zuerkannte, einer Ethnie also, die sich nicht eindeutig aufgrund objektiver Kriterien wie Sprache und Kultur von den arabischen Völkern der Nachbarstaaten abhob.[6]

Eine fundamentale Änderung erfuhr die internationale Perzeption der Palästinenserfrage allerdings nach der ersten großen Flucht- und Vertreibungswelle von Palästinensern durch Juden im Umfeld der israelischen

---

Jerusalem als Hauptstadt setzte sich der Teilungsplan für Palästina in einen arabischen und einen jüdischen Teilstaat mit Wirtschaftsunion und internationaler Zone Großjerusalem durch.
Wortlaut des Palästina-Mandats in: Harttung, Arnold (Hrsg.), *Ursprung und Entwicklung des arabisch-israelischen Konflikts und der Palästina-Teilungsplan der Vereinten Nationen*, Berlin 1993, S. 201 ff. (dt.) und unter: http://www.mfa.gov.il/mfa/go.asp?MFAH00pr0 (engl.). Ausführlich zum historischen Hintergrund des arabisch-palästinensisch-israelischen Konflikts vgl. aus der Fülle: Mallison, W. Thomas / Mallison, Sally V., *The Palestine Problem in International Law and World Order*, Harlow 1986; Gainsborough, J. Russell, *The Arab-Israeli Conflict: A Politico-Legal Analysis*, Vermont 1986; Harttung, Arnold (Hrsg.), *Ursprung und Entwicklung des arabisch-israelischen Konflikts und der Palästina-Teilungsplan der Vereinten Nationen*, Berlin 1993.

4 Vgl. Murlakov, Eli, *Das Recht der Völker auf Selbstbestimmung im israelisch-arabischen Konflikt*, Schweizer Studien zum Internationalen Recht, Band 31, Zürich 1983, S. 157 ff.

5 *Mit 33 (darunter auch USA und UdSSR) gegen 13 Stimmen bei 10 Enthaltungen (darunter GB) wurde die Resolution 181 (II) in der UN-Generalversammlung am 29. November 1947 verabschiedet. Harttung, Arnold (Hrsg.),* Ursprung und Entwicklung des arabisch-israelischen Konflikts und der Palästina-Teilungsplan der Vereinten Nationen, *Berlin 1993, S. 70 ff.*

6 Vgl. Asseburg, Muriel, *Palästina auf dem Weg zum Staat: Determinanten, Entwicklungen, Szenarien*, Ebenhausen bei München 1999, S. 12 f.

Staatsgründung 1948.[7] Diese sogenannte *nakba* (arabisch: Katastrophe) führte neben geographischer Dispersion auch zu Verlust der Identität der palästinensischen Araber. Als identitätsstiftendes Moment blieb allein das kollektive Trauma von Flucht und Vertreibung, das gemeinsame Schicksal in Flüchtlingslagern und die emotionale Verbundenheit mit der Heimat.[8] Palästinenser wurden in den Folgejahren auf internationaler Ebene vorwiegend im Kontext von Flüchtlingslagern wahrgenommen, somit mehr als Flüchtlinge denn als Volk.[9]

Erst wieder 1970 wurden sie im Kontext des Selbstbestimmungsrechts genannt. In der Resolution 2649 (XXV) verurteilte die UN-Generalversammlung Regierungen, die Völkern,

> „recognized as being entitled to it, especially the peoples of southern Africa and Palestine",

dieses Recht absprechen.[10] In der Resolution 2672 C (XXV) der UN-Generalversammlung von 1970 wurde das palästinensische Volk ebenfalls als Träger des Selbstbestimmungsrechts ausgewiesen und überdies eine Korrelation hergestellt zwischen „full respect for the inalienable rights" der Palästinenser und der Etablierung von Frieden im Nahen Osten, für den die Respektierung der unveräußerlichen Rechte dieses Volkes ein „indispensable element" darstelle.[11]

---

7 Zum Hintergrund von Flucht und Vertreibung der Palästinenser ausführlicher siehe unten, Kapitel 3, Punkt A. „Die palästinensischen Flüchtlinge" und dortige Literaturhinweise.

8 Vgl. Baumgarten, Helga, *Palästina: Befreiung in den Staat. Die palästinensische Nationalbewegung seit 1948*, Frankfurt 1991, S. 65 ff.

9 Vgl. Mezvinsky, Norton, *The Palestinian People and the Right of Self-Determination,* in: Köchler, Hans (Hrsg.), *The Legal Aspects of the Palestine Problem – With Special Regard to the Question of Jerusalem*, Wien 1981, S. 35 f.

10 GA-Res. 2649 (XXV) vom 30. November 1970.

11 GA-Res. 2672 C (XXV) vom 8. Dezember 1970. Ausführlicher zur Interdependenz von Frieden und Selbstbestimmung siehe unten, Kapitel 1, Punkt B. c. „Selbstbestimmungsrecht und Recht auf Frieden".

Aber welchen Gehalt weist nun das Selbstbestimmungsrecht des palästinensischen Volkes auf ?

b. Der Gehalt des Selbstbestimmungsrechts der Palästinenser

Eine Konkretisierung findet sich 1974 in Resolution 3236 (XXIX) der UN-Generalversammlung, die den Palästinensern das Recht auf „self-determination without external interference" und auf „national independence and sovereignty" zuerkannte.[12] Das bedeutet, dass das palästinensische Volk Träger des *äußeren* Selbstbestimmungsrechts, des Rechts auf Eigenstaatlichkeit ist.[13]

Zu beachten ist allerdings, dass die Bezeichnung ‚Sezessionsbestrebungen' für die nationalen Aspirationen der palästinensischen Volksgruppe im Gazastreifen und im Westjordanland einschließlich Ostjerusalem nicht zutreffend ist. Denn eine Sezession beschreibt das Herauslösen aus einem bestehenden Staatsverband, für den sich in der Konsequenz ein Verlust an Staatsterritorium ergibt.[14] Bezüglich der 1967 von Israel besetzten Gebiete handelt es sich indes nicht um israelisches Staatsterritorium, auch wenn Ostjerusalem später annektiert wurde,[15] sondern um unrechtmäßig besetztes palästinensisches Gebiet, weshalb sich

---

12 GA-Res. 3236 (XXIX) vom 22. November 1974.

13 Für die Unterscheidung zwischen *innerem* und *äußerem* Selbstbestimmungsrecht findet sich analog die Bezeichnung *defensives* und *offensives* Selbstbestimmungsrecht. Vgl. Doehring, Karl, *Das Selbstbestimmungsrecht der Völker*, in: Simma, Bruno (Hrsg.), *Charta der Vereinten Nationen: Kommentar*, München 1991, S. 23 ff. Rz. 32 ff.

14 Vgl. Blumenwitz, Dieter, *Volksgruppen und Minderheiten: Politische Vertretung und Kulturautonomie*, Berlin 1995, S. 70 ff.

15 Auch den syrischen Golan besetzte Israel 1967 und annektierte ihn später, was in dieser Untersuchung allerdings außer Acht gelassen wird, wenn von besetzten Gebieten gesprochen wird. Zur Annexion Ostjerusalems siehe unten, Kapitel 3, Punkt E. „Der Disput um Jerusalem".

Israel diesbezüglich auch nicht auf seine territoriale Integrität berufen kann.[16]

Doch selbst wenn das politische Ziel der Eigenstaatlichkeit mitunter als ‚Sezessionsbestrebung' der Palästinenser ausgewiesen werden mag, so ließe sich auch in diesem Fall das Recht des palästinensischen Volkes auf äußere Selbstbestimmung völkerrechtlich belegen. Zwar nimmt die Staatenpraxis gegenüber Sezessionsbestrebungen eine deutlich ablehnende Haltung aus Furcht vor einer Destabilisierung der innerstaatlichen aber auch der globalen Ordnung ein. Doch ist dieser Vorbehalt zugunsten der territorialen Integrität der Staaten an deren Verpflichtung geknüpft, den Völkern und Volksgruppen ihr *inneres* Selbstbestimmungsrecht in Form von Partizipations- oder Selbstverwaltungsrechten zuzugestehen.[17]

Den Palästinensern wäre nun zur Ausübung ihres Selbstbestimmungsrechts ein Recht auf Eigenstaatlichkeit in den Palästinensergebieten erwachsen aus eklatanten Diskriminierungen und Menschenrechtsverletzungen seitens Israel, etwa Deportation und Folterung von palästinensischen Häftlingen, Hauszerstörung von Familien Terrorismusverdächtiger oder auch Enteignung.[18]

---

16 Zur Frage der Besetzung siehe unten, Kapitel 1, Punkt D. b. „Von *occupatio bellica* zu *occupatio pacifica*".

17 Dies ergibt sich aus dem *argumentum e contrario* der Bestimmungen der ‚Friendly Relations Declaration' (GA-Res. 2625 (XXV) vom 24. Oktober 1970). Vgl. Blumenwitz, Dieter, *Volksgruppen und Minderheiten: Politische Vertretung und Kulturautonomie*, Berlin 1995, S.70 ff.

18 Vgl. Giegerich, Thomas, *The Palestinian Autonomy and International Human Rights Law: Perspectives on an Ongoing Process of Nation-Building*, in: Shapira, Amos / Tabory, Mala (Hrsg.), *New Political Entities in Public and Private International Law – With Special Reference to the Palestinian Entity*, The Hague u.a. 1999, S. 189.
Zu Menschenrechtverletzungen unter israelischer Besetzung vgl. zahlreiche Studien von Amnesty International, etwa: Amnesty International (Hrsg.), *Israel and the Occupied Territories – Demolition and dispossession: the destruction of Palestinian homes*, Dezember 1999, AI Index: MDE 15/59/99, London 1999; weitere Veröffentlichungen im Internet unter: http://www.amnesty.org. Vgl. auch U.S. Department of State – Bureau of Democracy, Human Rights, and Labor (Hrsg.), *Country Reports on Human Rights Practices for 1999: The Occupied Territories (including areas*

Neben dem Gehalt des Selbstbestimmungsrechts des palästinensischen Volkes interessiert ferner der geographische Anwendungsbereich. So wird ein *äußeres* Selbstbestimmungsrecht lediglich „the Palestinian people in Palestine" zugestanden.[19] Wenn auch die UN-Resolutionen im Unklaren lassen, *wo* in ‚Palestine' dieses Recht zur Anwendung kommen soll, so gilt als evident, dass die territoriale Integrität des Staates Israel in den Grenzen vor dem Sechstagekrieg 1967 (Abbildung 2) [20] davon keinen Schaden nehmen soll.[21]

Die Palästinenser sind folglich Träger von umfassenden nationalen Rechten, die staatsbildende Kraft besitzen, und somit einen rechtlichen Pfeiler für das Werden des Palästinenserstaates bilden. Den territorialen Bezugsrahmen des äußeren Selbstbestimmungsrechts der Palästinenser gilt es indes noch zu definieren.[22]

---

subject to the jurisdiction of the Palestinian Authority), Februar 2000, unter: http://www.usis.usemb.se/human/human1999/occterr.html.

19 GA-Res. 3236 (XXIX) vom 22. November 1974. In der Folgezeit erinnerte die Generalversammlung an die Resolutionen 3236 und 3376 in zahlreichen weiteren Resolutionen, etwa Res. 35/167 von 1980, Res. 36/9 von 1981, 37/43 von 1982, 41/101 von 1986 (hier auch eine Auflistung aller GA-Res., die das Selbstbestimmungsrecht der Palästinenser bekräftigen). Vgl. Kimminich, Otto, *Das Recht auf die Heimat*, Bonn 1989, S. 182.

20 Im Sechstagekrieg 1967 eroberte und besetzte Israel u.a. das Westjordanland und den Gazastreifen.

21 Vgl. Mallison, W. Thomas / Mallison, Sally V., *The Palestine Problem in International Law and World Order*, Harlow 1986, S. 201 ff.

22 Siehe hierzu unten, Kapitel 3, Punkt C. „Die Grenzen des palästinensischen Staatsterritoriums".

c. Selbstbestimmungsrecht und Recht auf Frieden

Die palästinensische Nationalcharta von 1968 wies „Armed struggle" als „the only way to liberate Palestine" aus.[23] Unter besonderen Umständen ist nun die Anwendung von Waffengewalt zur Befreiung völkerrechtlich legitimierbar, wenn von einer Internationalisierung des bewaffneten Konflikts ausgegangen wird. So kann bei Missachtung des Selbstbestimmungsrechts einer Volksgruppe und eklatanten Menschenrechtsverletzungen bewaffneter Kampf gegen Fremdherrschaft und Apartheid als Selbsthilfe gerechtfertigt werden.[24] Dementsprechend bekräftigte die Generalversammlung der Vereinten Nationen in ihrer Resolution 3070 von 1973

> „the legitimacy of the peoples struggle for liberation from ... alien subjugation by all means including armed struggle".[25]

Die Resolution 3236 von 1974 anerkennt schließlich explizit das Recht des palästinensischen Volkes, „to regain its rights by all means"; die Rückgewinnung der Rechte sollte allerdings „in accordance with the purposes and principles" der Satzung der Vereinten Nationen stehen.[26]

Zu den Prinzipien der UN-Charta zählen das Gewaltanwendungsverbot (Art. 2 Ziff. 4 SVN) und das Recht auf Selbstverteidigung (Art. 51 SVN).[27] Aus diesen wird mitunter ein Recht der Staaten auf Frieden

---

23 Art. 9 der Palästinensischen Nationalcharta von 1968, in: Waart, Paul J.I.M. de, *Dynamics of self-determination in Palestine: protection of peoples as a human right*, Leiden u.a. 1994, S. 222 ff. (engl.) und Harkabi, Yehoshafat, *Das Palästinensische Manifest und seine Bedeutung*, Stuttgart 1980, S. 138 ff. (dt.).

24 Vgl. Doehring, Karl, *Das Selbstbestimmungsrecht der Völker*, in: Simma, Bruno (Hrsg.), *Charta der Vereinten Nationen: Kommentar*, München 1991, S. 29 Rz. 54-56.

25 GA-Res. 3070 vom 30. November 1973.

26 GA-Res. 3236 vom 22. November 1974.

27 Die Satzung der Vereinten Nationen ist im Internet zugänglich unter: http://www.un.org/aboutun/charter/index.html.

abgeleitet.[28] Ein solches Recht des Staates Israel kollidiert nun mit dem Selbstbestimmungsrecht des palästinensischen Volkes, wobei zwischen beiden dieser Menschenrechte der dritten Generation [29] Gleichrangigkeit und Interdependenz festzustellen ist. Denn die Verwirklichung nur eines der beiden Rechte unter Negation des anderen ist ausgeschlossen.

So verunmöglicht die Unterdrückung des Selbstbestimmungsrechts der Palästinenser das Recht der Israelis, in Frieden zu leben. Die geschichtliche Erfahrung von Terrorismus und Gehorsamsverweigerung der Palästinenser gegenüber der israelischen Besetzungsmacht bestätigte die Interdependenz. Gewaltakte palästinensischer Extremisten hinterließen in Israel ein Sicherheitstrauma, aus dem repressive Besetzungspolitik resultierte. Diese wiederum bildete den Nährboden für Aggressionsbereitschaft von Palästinensern, was die Wuteskalation Ende September 2000 im Westjordanland einschließlich Jerusalem und im Gazastreifen aber auch in Israel selbst auf eklatante Weise vor Augen führte.[30]

Eine Synthese des Antagonismus kann allein über kooperative, bilaterale Konfliktbearbeitung gewonnen werden, wofür beiderseits als schmerzlich empfundene Konzessionen unumgänglich waren und noch immer sind – auf palästinensischer Seite etwa eine fundamentale Revision der politi-

---

28 So etwa bei Giegerich, Thomas, *The Palestinian Autonomy and International Human Rights Law: Perspectives on an Ongoing Process of Nation-Building*, in: Shapira, Amos / Tabory, Mala (Hrsg.), *New Political Entities in Public and Private International Law – With Special Reference to the Palestinian Entity*, The Hague u.a. 1999, S. 192 f. und 200 ff.

29 Unter anderem zu Begriff und Geschichte der Menschenrechte der dritten Generation vgl. Stuby, Gerhard, *Universalismus versus Partikularismus: Die Menschenrechte der dritten Generation*, in: Aus Politik und Zeitgeschichte, B 46-47 / 1998, S. 27-35.

30 Vgl. exemplarisch für die intensive Berichterstattung der betreffenden Zeit: Beyer, Lisa, *Breaking Point*, in: Time, Vol. 156, No. 17, 23. Oktober 2000, S. 34-39 und Bednarz, Dieter / Follath, Erich / Grossbongardt, Annette, *„Schlachthaus der Religionen“*, in: Der Spiegel, Nr. 42 / 2000, S. 238-251.

schen Strategie und auf israelischer die Abgabe von Gebietshoheit in den besetzten Gebieten.[31]

B. Die politische Vertretung des palästinensischen Volkes durch die PLO

Für die Verwirklichung der legitimen Selbstbestimmungsansprüche bedurfte das palästinensische Volk eines politischen Vertretungsorgans. Diese Repräsentationsfunktion übernahm die *Palestine Liberation Organization* (PLO), die das klare politische Ziel der Eigenstaatlichkeit oder, anders ausgedrückt, den innigsten Wunsch nach nationaler Unabhängigkeit artikuliert.

a. Emanzipation zu eigenständigem palästinensischen Nationalismus

Gegründet wurde die PLO 1964 auf Initiative der Arabischen Liga,[32] insbesondere des ägyptischen Präsidenten Gamar Abdel Nasser. Unter diesem Dachverband sollten die zahlreichen verschiedenen palästinensischen, im Exil ab den 50er Jahren entstandenen Befreiungsgruppierungen in einem institutionellen Rahmen organisiert und somit kontrolliert werden.[33] Unter der Tarnung, für die Befreiung Palästinas

---

31 Vgl. Giegerich, Thomas, *The Palestinian Autonomy and International Human Rights Law: Perspectives on an Ongoing Process of Nation-Building*, in: Shapira, Amos / Tabory, Mala (Hrsg.), *New Political Entities in Public and Private International Law – With Special Reference to the Palestinian Entity*, The Hague u.a. 1999, S. 192 f. und 200 ff.

32 Die Arabische Liga (AL) ist ein 1945 gegründeter Verbund zur politischen, kulturellen, wirtschaftlichen und militärischen (besonders gegen Israel gerichteten) Kooperation, dem gegenwärtig 21 arabische und afrikanische Staaten angehören (darunter alle Anrainerstaaten Israels) und der einen Beobachterstatus bei der UNO genießt. Die Palästinafrage sowie der Nahostkonflikt im allgemeinen stellt von jeher ein dominierendes Anliegen der AL dar. Vgl. Andersen, Uwe / Woyke, Wichard (Hrsg.), *Handwörterbuch Internationale Organisationen*, Opladen 1995, S. 286 ff.

33 Neben den hier angeführten Quellen empfehlen sich ausführlich zu Genese, Struktur und Programmatik der palästinensischen Befreiungsbewegungen und der PLO –

einzutreten, instrumentalisierte Nasser, die Symbolfigur des Panarabismus, die Palästinenserproblematik zur Speerspitze seiner Machtinteressen. So war die PLO in ihren Anfangsjahren noch weitgehend von ihm weisungsgebunden und von Panarabismus dominiert.

Emanzipation zu einem eigenständigen palästinensischen Nationalismus brachte erst der Sechstagekrieg 1967. Denn die vernichtende Niederlage der arabischen Staaten, auch Nassers, gegen Israel hatte eine psychologische Signalwirkung erzeugt. Die PLO-Gruppierungen schwenkten ihre Konzentration weg von einem gesamtarabischen Nationalstaat, der keine ‚Befreiung der Heimat Palästina' mehr versprach, hin zu palästinensischer Eigenstaatlichkeit. Formalisiert wurde dieser bedeutende Umschwung mit der neuen Palästinensischen Nationalcharta von 1968 [34] und indem unter den verschiedenen Befreiungsgruppierungen [35] die *Fatah* die Vormachtstellung in der PLO übernahm, deren Anführer Jassir Arafat [36] Vorsitzender des PLO-Exekutivkomitees wurde.[37] Dieses Amt übt Arafat nun seit über drei Jahrzehnten aus.

---

wenngleich älteren Jahrgangs – nach wie vor: Cobban, Helena, *The Palestinian Liberation Organization: People, Power and Politics*, London u.a. 1984; Yodfat, Aryeh / Arnon-Ohanna, Yuval, *PLO: Strategy and Tactics*, New York 1981.

34 Sie ersetzte die erste Palästinensische Nationalcharta aus dem PLO-Gründungsjahr 1964.

35 Neben der Fatah sind als bedeutendste PLO-Gruppierungen noch PFLP und DFLP (*Popular* bzw. *Democratic Front for the Liberation of Palestine*) zu nennen. Zu beachten ist, dass die radikal-fudamentalistischen Bewegungen Hamas und Jihad al Islami diesem Dachverband nicht angehören. Vgl. O'Brian, William V., *Law and morality in Israel's war with the PLO*, New York/London 1991, S. 12.

36 Ein ausführliches Persönlichkeitsprofil von Jassir Arafat erstellt Rubinstein, Danny, *Yassir Arafat: vom Guerillakämpfer zum Staatsmann*, Heidelberg 1996.

37 Vgl. Baumgarten, Helga, *Palästina: Befreiung in den Staat. Die palästinensische Nationalbewegung seit 1948*, Frankfurt 1991, S. 216 ff.

b. Völkerrechtliche Anerkennung der PLO

Aufgrund der für eine Befreiungsbewegung beachtlich pluralistischen Struktur, die von unabhängigen bis hin zu militanten Gruppierungen, von islamischen Fundamentalisten bis hin zu Kommunisten reicht,[38] genoss die PLO – wenn auch nicht demokratisch legitimiert – weitgehend innerpalästinensische Zustimmung. Diese kann als eine Vorbedingung für die umfassende, internationale Anerkennung gewertet werden, die die PLO im Jahr 1974 erfuhr.[39] Seither genießt die Befreiungsorganisation in der Arabischen Liga Vollmitgliedschaft als einzig legitime Vertreterin des palästinensischen Volkes.[40] Als solche anerkannt und somit in ihrer Existenzberechtigung völkerrechtlich legitimiert ist die PLO ebenso seit 1974 seitens der Vereinten Nationen, die ihr den Status eines Ständigen Beobachters und Vollmitgliedschaft in einigen ihrer Organisationen einräumten.[41] Dieser Akt bewirkte konstitutiv, dass die Palästinensische Befreiungsorganisation zu einem partikularen Völkerrechtssubjekt wurde.[42]

---

38 Vgl. Sunderbrink, Ute, *Die PLO in der Krise ?: Genese, Strukturmerkmale und Politikmuster der Palästinensischen Befreiungsorganisation und deren Herausforderung durch den politischen Islam in der Intifada*, Münster/Hamburg 1993, Abbildung: „Struktur der PLO" im Anhang.

39 Vgl. Ligue internationale pour le droit et la libération des peuples (Hrsg.), *Le dossier Palestine: La question palestinienne et le droit international*, Paris 1991, S. 206 ff. und 227.

40 Auf ihrer 7. Gipfelkonferenz in Rabat vom 26. bis 29. Oktober 1974 anerkannte die Arabische Liga einstimmig das Alleinvertretungsrecht der PLO. Vgl. Elias, Adel S., *Dieser Frieden heißt Krieg: Israel und Palästina – die feindlichen Brüder*, München 1997, S. 70 und 100.

41 Schrittweise eingeräumt und ausgeweitet wurde der Beobachterstatus der PLO bei der UNO über die GA-Resolutionen 3210 (XXIX) vom 14. Oktober 1974, Res. 3236 (XXIX) vom 22. November 1974, Res. 3237 und schließlich Res. 3375 (XXX) vom 10. November 1975. Vgl. Blumenwitz, Dieter, *Volksgruppen und Minderheiten: Politische Vertretung und Kulturautonomie*, Berlin 1995, S. 145 und Ligue internationale pour le droit et la libération des peuples (Hrsg.), *Le dossier Palestine: La question palestinienne et le droit international*, Paris 1991, S. 214 ff.

42 Die UN-Anerkennung der PLO ist vergleichbar mit der Schaffung und Anerkennung von Nationalkomitees im Ersten Weltkrieg. Vgl. Seidl-Hohenveldern, Ignaz,

Israel freilich verweigerte konsequent jegliche Anerkennung der PLO als nationale Befreiungsorganisation, perzipierte und deklarierte sie vielmehr allein als Terror- und Mörderorganisation, als politisches Instrument von arabischen Staaten und sowjetischem Imperialismus.[43] Doch die israelische Ablehnungshaltung ist weniger als außergewöhnlich zu bewerten, sondern entspricht, in den richtigen Kontext gebettet, gängiger Staatenpraxis. Denn als nationale Befreiungsorganisation verkörpert die PLO die Existenz eines palästinensischen Volkes und somit dessen Recht auf Selbstbestimmung, was Israel beides hartnäckig negierte.[44]

c. Modifizierung der politischen Programmatik der PLO

Verweigerte die PLO in ihrer Nationalcharta von 1968 noch jegliches Existenzrecht Israels und erachtete sie allein Gewaltanwendung als Instrument zur Befreiung Gesamtpalästinas,[45] so modifizierte sie später stufenweise ihre terroristische Strategie in eine diplomatische. Allmählich wich die Befreiungsorganisation von ihren territorialen Maximalvorstellungen (ganz Mandatspalästina) ab und konzentrierte sich auf die besetzten Gebiete (Gazastreifen und Westjordanland einschließlich Jerusalem) als künftiges palästinensisches Staatsterritorium.

Völkerrecht, Köln u.a. 1997, S. 179 ff., besonders Rz. 797. Vgl. auch Kimminich, Otto / Hobe, Stephan, *Einführung in das Völkerrecht*, Tübingen/Basel 2000, S. 163 ff. Näher zur Frage der Völkerrechtssubjektivität der PLO siehe unten, Kapitel 1, Punkt C. c. „Osloer Verträge und deren völkerrechtliche Natur“.

43 So etwa im 1977er Wahlprogramm des Likud (hebräisch: Zusammenschluss), der zu den beiden federführenden Parteien in Israel gehört; auszugsweise zitiert in: Ligue internationale pour le droit et la libération des peuples (Hrsg.), *Le dossier Palestine: La question palestinienne et le droit international*, Paris 1991, S. 212.

44 Analog hierzu lassen sich folgende Beispiele anführen: Frankreich – FNL, USA – Vietcong, Südafrika – ANC. Vgl. aaO, S. 205 f.

45 Art. 9 der Palästinensischen Nationalcharta von 1968.

Am 15. November 1988 proklamierte die PLO schließlich einen Palästinenserstaat in den seit 1967 besetzten Palästinensergebieten.[46] Mit diesem Akt anerkannte die PLO implizit die Souveränität und Integrität des Staates Israel in den Grenzen vor dem Sechstagekrieg 1967, demnach die Teilstaatenlösung für das ehemalige Mandatsgebiet Palästina,[47] und die Resolutionen 242 und 338 des UN-Sicherheitsrates,[48] die in Bezug auf die Palästinenserfrage die am häufigsten zitierten sind.[49] Darüber hinaus brachte die Unabhängigkeitserklärung einen offiziellen Politikwechsel der PLO in Richtung kooperative Konfliktbearbeitung, indem der bewaffnete Kampf zwar noch als der wichtigste, allerdings nicht mehr der

---

46 Vorangegangen war der Ausbruch der *Intifada* im Dezember 1987, der Volksaufstand der Palästinenser in den besetzten Gebieten, dessen Ausmaß die rechtliche und administrative Abtretung des Westjordanlandes durch Jordanien am 31. Juli 1988 erwirkt hatte, was wiederum die PLO zur Übernahme der Verantwortung für dieses Gebiet veranlasste. Vgl. Ibrahim, Waleed, *Die palästinensische Selbstregierung nach dem internationalen Gaza-Jericho-Abkommen vom 13. September 1993: Eine völkerrechtliche Studie*, Frankfurt a. M. u.a. 1998, S. 14 f.

47 Die Teilstaatenlösung der Vereinten Nationen, GA-Res. 181 (II) vom 29. November 1947, sah auf 43 % des Mandatsgebiets Palästina einen arabisch-palästinensischen Staat und auf 56,5 % einen jüdischen vor (Abbildung 1). Detailliert zu den Grenzen siehe GA-Res. 181 (II) Teil II A (arabischer Staat), B (jüdischer Staat) und Teil III (Stadtbezirk von Jerusalem).
Ausführlich hierzu vgl. Harttung, Arnold (Hrsg.), *Ursprung und Entwicklung des arabisch-israelischen Konflikts und der Palästina-Teilungsplan der Vereinten Nationen*, Berlin 1993, S. 104 ff.

48 SC-Res. 242 vom 22. November 1967 fordert den Rückzug Israels aus im Sechstagekrieg von 1967 besetzten Gebieten und SC-Res. 338 hatte der Sicherheitsrat anlässlich des Jom-Kippur-Krieges von 1973 verabschiedet und darin unter anderem die Implementierung der Resolution 242 gefordert. Im Anhang sind diese Resolutionen abgedruckt.

49 Eine verschlüsselte Andeutung auf eine implizite Anerkennung Israels war bereits im politischen Programm der PLO vom 9. Juni 1974 erfolgt. Wortlaut in: Harkabi, Yehoshafat, Das Palästinensische Manifest und seine Bedeutung, Stuttgart 1980, S. 172 ff. Die entscheidende Passage der palästinensischen Unabhängigkeitserklärung vom 15. November 1988 lautet: "...on the basis of the international legitimacy embodied in the resolutions of the United Nations since 1947...". Wortlaut in: I.L.M., V. 27, 1988, S. 1670.

einzige Weg zur Befreiung bezeichnet wurde.[50] Die explizite Anerkennung des Staates Israel durch die PLO erfolgte letztlich am 14. Dezember 1988 auf einer Pressekonferenz Jassir Arafats in Genf.[51]

Im Gegensatz zu dieser fundamentalen Modifizierung der politischen Programmatik der PLO war die israelische kontinuierlich von einem nationalen Konsens gekennzeichnet, der einen vollständigen Rückzug aus den besetzten Gebieten einschließlich Ostjerusalem, einen Palästinenserstaat in diesen Gebieten und Verhandlungen mit der PLO verweigerte. Doch hob die israelische Regierung im Januar 1993 ein Gesetz auf, das bisher jegliche Kontakte von Israelis zu PLO-Mitgliedern unter Strafe gestellt hatte.[52] Wirkt diese Annäherung der israelischen Haltung gegenüber den Palästinensern eher blass, verglichen mit dem tiefgreifenden Politikwechsel der Befreiungsorganisation, so war sie in Hinblick auf spätere Friedensverhandlungen allerdings eine elementare Voraussetzung.

---

[50] Zwar wurde die palästinensische Unabhängigkeitserklärung von der UN-Generalversammlung in Resolution 43/177 vom 15. Dezember 1988 anerkannt und die Bezeichnung ‚PLO' in ‚Palestine' geändert, im Übrigen war hiermit allerdings keine Aufwertung verbunden. So kommt dies nicht einer Anerkennung als Staat, sondern eher einem symbolischen Akt gleich.
Vgl. Asseburg, Muriel, *Palästina auf dem Weg zum Staat: Determinanten, Entwicklungen, Szenarien*, Ebenhausen bei München 1999, S. 15. Vgl. auch Baumgarten, Helga, *Palästina: Befreiung in den Staat. Die palästinensische Nationalbewegung seit 1948*, Frankfurt 1991, S. 305 ff.

[51] Vgl. Steinbach, Udo, *Das Gaza-Jericho-Abkommen: Wegmarke im Friedensprozeß*, in: Aus Politik und Zeitgeschichte, B 21-22 / 1994, S. 4.

[52] Vgl. Beck, Martin, *Der israelisch-palästinensische Friedensprozeß*, in: Aus Politik und Zeitgeschichte, B 18 / 1996, S. 6 f.; Ibrahim, Waleed, *Die palästinensische Selbstregierung nach dem internationalen Gaza-Jericho-Abkommen vom 13. September 1993: Eine völkerrechtliche Studie*, Frankfurt a. M. u.a. 1998, S. 15 f.

C. Der israelisch-palästinensische Friedensprozess

Die internationale Anerkennung der Palästinenser als eigenständiges Volk, ihr Recht auf äußere Selbstbestimmung sowie ihre politische Vertretung durch die PLO waren grundlegende Vorbedingung für die palästinensische Staatswerdung. Eingeleitet wurde diese letztlich erst mit dem Friedensprozess der 90er Jahre, der wiederum nicht ohne eine bestimmte politische Konstellation zustande gekommen wäre: Seit 1987 befanden sich die Palästinenser im Volksaufstand gegen die israelische Herrschaft in den besetzten Gebieten (*Intifada*);[53] durch offene Sympathie mit dem irakischen Aggressor, Saddam Hussein, im Zweiten Golfkrieg 1990 / 91 hatte sich die PLO in ein finanzpolitisches Desaster und in internationale Isolation manövriert;[54] infolge des Zusammenbruchs der Sowjetunion im Verlauf des Jahres 1990 blieb fortan deren Intervention im Nahost-Konflikt aus, wodurch sich die Konfliktstruktur vereinfachte.[55]

---

53 Ausführlich zur *Intifada* ab 1987 und den Folgejahren vgl. Baumgarten, Helga, *Palästina: Befreiung in den Staat. Die palästinensische Nationalbewegung seit 1948*, Frankfurt 1991.

54 Um sich aus dieser Misslage zu befreien und um ihr Alleinvertretungsrecht wieder zu stabilisieren, war die PLO zu einem tiefgreifenden Politikwechsel in Richtung Friedensbereitschaft, verbunden mit weitreichenden Konzessionen, gezwungen. Vgl. Beck, Martin, *Der israelisch-palästinensische Friedensprozeß*, in: Aus Politik und Zeitgeschichte, B 18 / 1996, S. 10. Einschlägige Originaltexte palästinensischer Diplomatie zur Zeit des Zweiten Golfkrieges vgl. Ligue internationale pour le droit et la libération des peuples (Hrsg.), *Le dossier Palestine: La question palestinienne et le droit international*, Paris 1991, S. 255 ff.

55 Wie auch andere Regionalkonflikte, war der israelisch-palästinensische beziehungsweise der israelisch-arabische Konflikt massiv durch den amerikanisch-sowjetischen Antagonismus geprägt. Zwar sind die USA und nunmehr Russland weiterhin in dem jeweils gegnerischen Machtblock der Region involviert (israelisch-türkisch angeführte Allianz gegen syrisch-iranische). Doch ist das Konfliktgeschehen in Nahost heute nicht mehr in vergleichbarer Weise durch den Ost-West-Gegensatz geprägt.
Vgl. Pipes, Daniel, *Zwei „Teams" im Nahen Osten: Syrien und Iran gegen Israel und die Türkei*, in: Internationale Politik, Nr. 7, Juli 1999, S. 17-24. Zum Ganzen vgl. Kaulisch, Thomas, *Israel und die PLO: Der Friedensprozeß seit dem Zweiten Golfkrieg und die Rolle der externen Akteure*, Vierow 1996, S. 27 ff.

a. Madrider Friedensgespräche und Osloer Geheimverhandlungen

Getragen von der internationalen Überzeugung der vor allem zeitlichen Dringlichkeit einer Konfliktlösung in Nahost, konnte Ende 1991 unter amerikanischer und sowjetischer Schirmherrschaft eine Friedenskonferenz in Madrid einberufen werden.[56]

Madrid

Der Madrider Friedensprozess zwischen Israel und den arabischen Staaten der Region [57] umschließt den Nahostkonflikt in seiner Gesamtheit.[58] Er untergliedert sich in einen multi- und einen bilateralen Verhandlungsrahmen aufgrund der Einsicht, dass Anliegen zwischen Israel und seinen unmittelbaren Anrainerstaaten effektiver auf bilateraler Ebene verhandelbar sind. Im Zuge des multilateralen Rahmens begannen verschiedene Arbeitskreise den gesamten Nahen Osten [59] betreffende Problemkomplexe wie Wasser, Flüchtlinge, Sicherheits- und Rüstungsfragen, Wirtschaftskooperation und -entwicklung sowie Umwelt zu bearbeiten.[60]

---

56 Diese war nach intensiver Pendeldiplomatie des damaligen US-Außenministers, James Baker, von März bis Oktober 1991 zustande gekommen. Vgl. Ferdowsi, Mir A., Naher und Mittlerer Osten – vom regionalen Sicherheitssystem zum Bilateralismus ?, in: ders. (Hrsg.), *Die Welt der 90er Jahre: Das Ende der Illusionen*, Bonn 1995, S. 172. *Letter of Invitation to Madrid Peace Conference*, 30. Oktober 1991, unter: http://www.ariga.com/treaties/madrid.html.

57 Auch die Türkei ist beteiligt; Iran, Irak und Libyen sind es hingegen nicht.

58 Von Dezember 1991 bis Dezember 1994 hatten 12 Gesprächsrunden stattgefunden. Vgl. Ferdowsi, Mir A., *Frieden im Nahen Osten oder die Suche nach der Quadratur des Kreises*, in: ders. (Hrsg.), *Stand und Perspektiven des Nahost-Friedensprozesses*, Arbeitspapiere zu Problemen der Internationalen Politik und der Entwicklungsländerforschung, Nr. 29 / 2000, S. 3.

59 Der Begriff ‚Naher Osten' umschließt Libanon, Syrien, Jordanien, Ägypten, Israel sowie Zypern und ist vom weiter gefassten Begriff ‚Mittlerer Osten' abzugrenzen. Vgl. Ferdowsi, Mir A., *Naher und Mittlerer Osten*, in: Opitz, Peter J., *Der globale Marsch: Flucht und Migration als Weltproblem*, München 1997, S. 223.

60 Vgl. Beck, Martin, *Der israelisch-palästinensische Friedensprozeß*, in: Aus Politik und Zeitgeschichte, B 18 / 1996, S. 3.

Da Israel aus den oben genannten Gründen eine Anerkennung der PLO verweigerte und eine unmittelbare Teilnahme der Befreiungsorganisation an den Verhandlungen einer impliziten Anerkennung als Repräsentantin des palästinensischen Volkes gleichgekommen wäre, konnten Volksvertreter lediglich im Rahmen einer jordanisch-palästinensischen Delegation teilnehmen. Allerdings war es der PLO gelungen, weisungsgebundene Delegationsmitglieder zu entsenden.[61]

Zunächst hatten sich die israelische und die palästinensische Delegation gegenseitig Selbstverwaltungs- und Selbstregierungspläne unterbreitet, die jedoch an unüberbrückbaren Interessensdivergenzen bei bestimmten Problemkomplexen scheiterten.

Oslo

Nachdem im Madrider Friedensprozess keine Fortschritte in der Palästinenserfrage zu verzeichnen waren und die neue israelische Koalitionsregierung unter Führung der Arbeitspartei [62] der Überzeugung war, dass eine Lösung in dieser Frage ohne Beteiligung der Palästinensischen Befreiungsorganisation nicht möglich sein würde,[63] nahmen Vertreter Israels und der PLO parallel zu Madrid gesonderte Verhandlungen auf. Diese fanden ab Januar 1993 unter vollständigem Ausschluss der Welt-

61 Delegationsleiter Dr. Haddar Abed al-Shafi aus Gaza war Mitbegründer der PLO, Faisal Husseini Repräsentant der PLO in den besetzten Gebieten. Vgl. Peres, Shimon, *The New Middle East*, New York 1993, S. 6 f. Vgl. auch Ibrahim, Waleed, *Die palästinensische Selbstregierung nach dem internationalen Gaza-Jericho-Abkommen vom 13. September 1993: Eine völkerrechtliche Studie*, Frankfurt a. M. u.a. 1998, S. 16 f.

62 Die israelischen Wahlen 1992 wiesen als stärkste Fraktion die Arbeitspartei aus (44 Sitze in der *Knesset*, dem israelischen Parlament), die mit dem *Likud* (32 Sitze) eine Koalition einging. Vgl. Steinbach, Udo, *Das Gaza-Jericho-Abkommen: Wegmarke im Friedensprozeß*, in: Aus Politik und Zeitgeschichte, B 21-22 / 1994, S. 7.

63 Vgl. Peres, Shimon, *Die Versöhnung: Der neue Nahe Osten*, Berlin 1993, S. 32.

öffentlichkeit und unter strikter Geheimhaltung – selbst vor den Verhandlungsdelegationen des Madrider Prozesses – in Norwegen statt.[64]

Norwegen erwies sich als günstiger Verhandlungsort, da der norwegische Außenminister, Johann Jorgen Holst, durch bereits jahrelange Vermittlungstätigkeit in der israelisch-palästinensischen Konfrontation weitreichendes Vertrauen der Konfliktparteien genoss und da die geographische Abgeschiedenheit ein konzentriertes und von der Öffentlichkeit verschontes Verhandlungsklima gewährleistete.[65] Ende August 1993 schließlich konnte eine israelisch-palästinensische *Declaration of Principles* bekannt gegeben werden.

b. Gegenseitige Anerkennung der Konfliktparteien

Für die Rechtskräftigkeit dieser Prinzipienerklärung war noch vor einer Unterzeichnung die gegenseitige Anerkennung der Verhandlungspartner unabdingbar. Sie erfolgte schließlich am 9. September 1993 durch einen Briefwechsel. Zunächst hatte der PLO-Vorsitzende, Jassir Arafat, in einem Schreiben das Existenzrecht Israels sowie die UN-Resolutionen 242 und 338 explizit anerkannt und sich zu Gewaltverzicht und der Streichung der betreffenden, antiisraelischen Passagen der PLO-Charta verpflichtet. Im Gegenzug erfolgte ein Brief des damaligen israelischen Premierministers, Jitzhak Rabin, zur Anerkennung der PLO als Verhandlungspartnerin und somit als legitime Vertretung des palästinensischen Volkes.[66] Auffallend ist, dass an eine Anerkennung der PLO durch Israel

---

64 Vgl. Corbin, Jane, *Ein jegliches hat seine Zeit: Die Geheimverhandlungen zwischen den Israelis und der PLO in Norwegen*, in: Der Spiegel, Nr. 7-9 / 1994.

65 Auch bei späteren Verhandlungen wurde gern auf abgeschiedene Orte zurückgegriffen, wie etwa während der Endstatusverhandlungen im Juli 2000 auf Camp David, den Landsitz des US-Präsidenten. Vgl. etwa *Clinton lädt zu Nahost-Gipfel in Camp David ein*, in: NZZ, Nr. 155, 6. Juli 2000.

66 Wie sich zeigen wird, war die gegenseitige Anerkennung entscheidend für die Rechtsnatur der Osloer Vereinbarungen; siehe folgender Punkt c.. Der Wortlaut der Briefe zur gegenseitigen Anerkennung ist im Anhang abgedruckt (engl.) sowie in: Botschaft des Staates Israel, Presse- und Informationsabteilung (Hrsg.), *Frieden: Die Vereinbarungen zwischen Israel und der PLO – September 1993*, Bonn, S. 4 f. (Arafat) und S. 6 (Rabin) (dt.).

weitreichende Auflagen geknüpft waren, während die Anerkennung Israels durch die PLO bedingungslos erfolgt war.

Die PLO hatte nun auch im Verhältnis zu Israel als Anerkennendem partielle Völkerrechtssubjektivität erlangt.[67] Vertragspartner Israels und somit Träger von Rechten und Pflichten der Vereinbarungen blieb indes das palästinensische Volk.[68]

c. Osloer Verträge und deren völkerrechtliche Natur

Die gegenseitige Anerkennung ermöglichte es, am 13. September 1993 die in Norwegen ausgehandelte *Declaration of Principles on Interim Self-Government Arrangements* (Prinzipienerklärung, DOP), auch Oslo I genannt, zu unterzeichnen. Gemeinsam mit dem *Israeli-Palestinian Interim Agreement on the West Bank and Gaza Strip* (Interimsabkommen, IA) vom 28. September 1995, auch Oslo II genannt, stellt sie das prinzipielle Rahmenvertragswerk im israelisch-palästinensischen Einigungsprozess dar. In dessen Verlauf wurden die in den Rahmenabkommen verbrieften Prinzipien über weitere Durchführungsabkommen sukzessiv implementiert. (Zu den Osloer Abkommen siehe Graphik I.)

Die Osloer Vereinbarungen werden als völkerrechtliche Verträge ausgewiesen, da es sich um eine ausdrückliche Willenseinigung zwischen zwei Völkerrechtssubjekten handelt. Der Staat Israel gilt seit 1948 unangefochten als Völkerrechtssubjekt.[69] Zwar ist allein die Völkerrechtssubjektivität

---

67 Näher zur Frage der Völkerrechtssubjektivität der PLO siehe folgender Punkt c.

68 Vgl. Ibrahim, Waleed, *Die palästinensische Selbstregierung nach dem internationalen Gaza-Jericho-Abkommen vom 13. September 1993: Eine völkerrechtliche Studie*, Frankfurt a. M. u.a. 1998, S. 19 ff.; vgl. auch Kimminich, Otto / Hobe, Stephan, *Einführung in das Völkerrecht*, Tübingen/Basel 2000, S. 163.

69 Noch am Tag der Beendigung der britischen Mandatsgewalt, am 15. Mai 1948, proklamierten die Juden auf dem für sie im UN-Teilungsplan von 1947 vorgesehenen Territorium (Abbildung 1) einen souveränen Staat Israel. Durch unmittelbare Anerkennung seitens USA und UdSSR noch im Mai 1948, auf die bis Mai 1949 die Anerkennungen durch weitere 40 Staaten sowie die Aufnahme in die Vereinten

souveräner Staaten unbestritten. Doch besitzt die politische Vertretung (PLO), die sich das palästinensische Volk zu wählen berechtigt ist, funktional auf die Verwirklichung des Selbstbestimmungsrechts beschränkte Völkerrechtssubjektivität.[70] Kraft ihrer Völkerrechtsfähigkeit konnten sich die Vertragsparteien, Israel und das palästinensische Volk, vertreten durch die PLO, völkerrechtlich binden.

Die Bezeichnung ‚Declaration', ‚Agreement' oder ‚Memorandum' steht dem völkerrechtlichen Charakter der Osloer Abkommen indes nicht im Wege, denn die Staatenpraxis verwendet diese und andere Begriffe als Synonyme für ‚Vertrag'.[71] Auch die Generalversammlung und der Sicherheitsrat der Vereinten Nationen unterstrichen in Resolutionen den völkerrechtlichen Charakter der Prinzipienerklärung, indem sie deren Implementierung anmahnten.[72]

Nationen folgten (GA-Res. 273 (III) vom 11. Mai 1949), wurde die neuerworbene Völkerrechtssubjektivität des jüdischen Neustaates deklaratorisch unterstrichen. Vgl. Mallison, W. Thomas / Mallison, Sally V., *The Palestine Problem in International Law and World Order*, Harlow 1986, S. 408. Zur Völkerrechtspersönlichkeit von Neustaaten vgl. Seidl-Hohenveldern, Ignaz, *Völkerrecht*, Köln u.a. 1997, S. 157 ff.; hier auch die Differenzierung von deklaratorischen und konstitutiven Elementen der Staatenanerkennung (Rz. 644 ff.).

70 Th. Giegerich spricht von einem Völkerrechtssubjekt *sui generis*. Vgl. Giegerich, Thomas, *The Palestinian Autonomy and International Human Rights Law: Perspectives on an Ongoing Process of Nation-Building*, in: Shapira, Amos / Tabory, Mala (Hrsg.), *New Political Entities in Public and Private International Law – With Special Reference to the Palestinian Entity*, The Hague u.a. 1999, S. 194 ff.; vgl. auch Ibrahim, Waleed, *Die palästinensische Selbstregierung nach dem internationalen Gaza-Jericho-Abkommen vom 13. September 1993: Eine völker-rechtliche Studie*, Frankfurt a. M. u.a. 1998, S. 24 ff.

71 Vgl. Küng, Manfred / Eckert, Martin K., *Repetitorium zum Völkerrecht*, Bern u.a. 1993, S. 78 f.

72 GA-Res. 48/58 vom 14. Dezember 1993 und SC-Res. 904 vom 18. März 1994. Vgl. Giegerich, Thomas, *The Palestinian Autonomy and International Human Rights Law: Perspectives on an Ongoing Process of Nation-Building*, in: Shapira, Amos / Tabory, Mala (Hrsg.), *New Political Entities in Public and Private International Law – With Special Reference to the Palestinian Entity*, The Hague u.a. 1999, S. 196.

pacta sunt servanda

Für die Osloer Verträge gilt demnach die völkerrechtliche Maxime *pacta sunt servanda*, die in Art. 26 der Wiener Vertragsrechtskonvention (WVÜ) festgeschrieben ist.[73] Bei Vertragsbruch durch eine der beiden Parteien kann die andere unter Berufung auf eben diesen „Grundsatz der Heiligkeit der Verträge“ die Erfüllung des Vertrags einfordern.[74] Doch sind die Vertragsparteien, Israel und das palästinensische Volk, vertreten durch die PLO, durch die Maxime *pacta sunt servanda* nicht unwiderruflich an das Osloer Vertragswerk gebunden. Denn schließlich besteht die Möglichkeit, dass sich die Situation im Vergleich zu derjenigen bei Vertragsabschluss signifikant verändert hat und ein Festhalten an den Vertragsbestimmungen – wenn auch nur von einer der Vertragsparteien – prinzipiell in Frage gestellt wird.

Welches Regelungsinstrumentarium bietet nun das Völkerrecht für solche Fälle an ? Insbesondere unter dem Eindruck der seit September 2000 andauernden Gewalteskalation in den Palästinensergebieten drängt sich diese Frage auf und ist eine Prüfung dieses Sachverhalts geboten.

clausula rebus sic stantibus

Als einen Mittelweg zwischen den beiden Extremen, der Maxime *pacta sunt servanda* und der Möglichkeit einer leichtfertigen unilateralen Aufkündigung völkerrechtlicher Verträge, kennt die Völkerrechtstheorie die Lehre von der *clausula rebus sic stantibus*. Sie ermöglicht als „*Notventil* für unvorhergesehene und unvorhersehbare Fälle“ ein legitimes Zurücktreten oder Aufkündigen von völkerrechtlichen Verträgen, allerdings

---

73 „Ist ein Vertrag in Kraft, so bindet er die Vertragsparteien und ist von ihnen nach Treu und Glauben zu erfüllen.“ Art. 26 *Wiener Übereinkommen über das Recht der Verträge*, 23. Mai 1969, in: Sartorius, Band II, *Internationale Verträge – Europarecht*, Stand: 15. Januar 2000, München 2000, 320.

74 Kimminich, Otto / Hobe, Stephan, *Einführung in das Völkerrecht*, Tübingen/Basel 2000, S. 176 und 207.

allein aufgrund von gewichtigen Ursachen.[75]

Die bürgerkriegsähnlichen Auswüchse infolge des 28. Septembers 2000 könnten beispielsweise als eine grundlegend veränderte Situation ausgewiesen werden, die ein Festhalten am Osloer Vertragswerk nicht mehr als zeitgemäß und haltbar erscheinen lässt. Doch eine Aufkündigung der Osloer Abkommen aufgrund eines von der einen Seite behaupteten Vertragsbruchs durch die andere kann unter Berufung auf die *clausula rebus sic stantibus* nur eine Partei erwägen, die selbst den vertraglichen Verpflichtungen in ihrer Gesamtheit nachkommt und sich nicht selbst bereits einen Verstoß hat zuschulde kommen lassen. Diesbezüglich gilt es präzise zu prüfen, welche Vertragspartei denn als erste gegen die Osloer Übereinkommen verstoßen hätte.[76]

An Voraussetzungen für ein legitimes Aufkündigen der Osloer Verträge fügt sich hinzu, dass es auf dem Verhandlungsweg, also durch bilaterales Einvernehmen, zwischen Israel und der PLO und nicht durch unilaterales Deklarieren zu erfolgen hätte.[77] Vor diesem Hintergrund sind nun die zahlreichen offiziellen Verlautbarungen aus der Zeit seit September 2000, der Friedensprozess werde beendet, zu bewerten.[78]

---

75 Zur Lehre von der *clausula rebus sic stantibus* vgl. Seidl-Hohenveldern, Ignaz, Völkerrecht, Köln u.a. 1997, S. 99 ff. Rz. 380 ff., zitiert aus Rz. 389.

76 Ging nun ein Verstoß der palästinensischen Seite gegen die Verpflichtung zu Gewaltverzicht und Terrorismusbekämpfung voraus oder auf israelischer Seite eine Missachtung des vertraglich vorgegebenen Zeitrahmens und Umfangs des Truppenrückzugs aus den besetzten Gebieten ? Ausführlich über die vertragliche Verpflichtung zu „Gewaltverzicht und Truppenrückzug" unter dem gleichnamigen folgenden Punkt D. a.

77 Vgl. Seidl-Hohenveldern, Ignaz, *Völkerrecht*, Köln u.a. 1997, S. 101 f. Rz. 388 f.

78 Zu derartigen Verlautbarungen siehe etwa Windfuhr, Volkhard, *„Der Friedensprozess ist tot"*, Interview mit Marwan Barghuti, PLO-Sprecher, in: Der Spiegel, Nr. 43 / 2000, S. 208 und Szpiro, George, *Barak droht mit Ende der Friedensgespräche*, in: NZZ, Nr. 235, 9. Oktober 2000.

D. Die prinzipiellen vertraglichen Vereinbarungen

Die Osloer Vereinbarungen fixierten die Prinzipien der zukünftigen Koexistenz zwischen Israelis und Palästinensern, die eine grundlegend neue Ära – zumindest auf rechtlichem Niveau – einläuten sollten.[79]

a. Gewaltverzicht und Truppenrückzug

So wurde als Grundlogik des israelisch-palästinensischen Einigungsprozesses die Formel ‚Land gegen Frieden' festgeschrieben.[80] Sie trägt der Interdependenz von palästinensischem Selbstbestimmungsrecht und Israels Recht auf Frieden Rechnung.[81] Schon in ihrem Schreiben zur Anerkennung Israels versicherte die PLO, sie

> „renounces the use of terrorism and other acts of violence and will assume responsibility over all PLO elements and personnel in order to assure their compliance, prevent violations and discipline violators." [82]

Des weiteren verpflichtete sich die PLO dazu,

> „that those articles of the Palestinian Covenant which deny Israel's right to exist, and the provisions of the Covenant which are inconsistent with the commitments of this letter are now inoperative and no longer valid." [83]

---

79 Detailliert untersucht sind die Bestimmungen der Osloer Verträge in Kapitel 2.

80 Das Prinzip ‚Land gegen Frieden' stellte zu diesem Zeitpunkt kein neuartiges Phänomen im Nahost-Konflikt dar. Denn schon im Zuge von Camp David 1979 vereinbarten Israel und Ägypten gemäß diesem Prinzip eine Rückgabe des israelisch besetzten Sinai für einen Friedensvertrag mit Ägypten.
Vgl. Falk, Richard, *Some International Law Implications of the Oslo/Cairo Framework for the P.L.O./Israeli Peace Talks*, in: Bowen, Stephan (Hrsg.), *Human Rights, Self-determination and Political Change in the Occupied Palestinian Territories*, The Hague 1997, S. 2.

81 Siehe oben, Kapitel 1, Punkt B. c. „Selbstbestimmungsrecht und Recht auf Frieden".

82 Brief des PLO-Vorsitzenden, Jassir Arafat, an den israelischen Ministerpräsidenten, Jitzhak Rabin, vom 9. September 1993, vollständig abgedruckt im Anhang.

Israel im Gegenzug verpflichtete sich, um einen territorialen Bezugsrahmen für das palästinensische Selbstbestimmungsrecht zu schaffen, zu sukzessiver Truppenumgruppierung („redeployment") [84] und zu Truppenrückzug („withdrawal") [85] aus seit 1967 besetzten Gebieten. Dies soll in die Implementierung der UN-Sicherheitsrats-Resolutionen 242 und 338 münden, die explizit in der Prinzipienerklärung anvisiert wird.[86]

b. Von *occupatio bellica* zu *occupatio pacifica*

Zwar bestehen besetzungsrechtliche Institutionen Israels wie die Militärverwaltung und die Präsenz von Streitkräften in Teilen der Westbank und des Gazastreifens weiterhin fort.[87] Doch gelang es im Zuge des Osloer Friedensprozesses, den Status des Westjordanlandes und des Gazastreifens von einer *occupatio bellica* in eine *occupatio pacifica* umzuwandeln. Ein grundlegender Unterschied besteht darin, dass die kriegerische Besetzung dem Kriegsvölkerrecht und die friedliche Besetzung dem Völkerfriedensrecht unterstellt ist. Voraussetzung für den Übergang waren rechtlich bindende israelisch-palästinensische Willenserklärungen wie:

> „The Government of the State of Israel and the P.L.O. team ... agree that it is time to put an end to decades of confrontation and conflict, recognize their mutual

---

83 AaO. Die Annullierung der betreffenden, antiisraelischen Passagen der PLO-Satzung wurde durch den Palästinensischen Nationalrat der PLO im Dezember 1998 bestätigt.

84 Art. XIII DOP.

85 Art. XIV DOP.

86 Art. I DOP. Vgl. Giegerich, Thomas, *The Palestinian Autonomy and International Human Rights Law: Perspectives on an Ongoing Process of Nation-Building*, in: Shapira, Amos / Tabory, Mala (Hrsg.), *New Political Entities in Public and Private International Law – With Special Reference to the Palestinian Entity*, The Hague u.a. 1999, S. 193.

87 Art. I Abs. 5 des IA verfügt, dass zwar die israelische *Zivil*verwaltung in der Westbank aufgelöst wird („dissolved"), die *Militär*verwaltung hingegen lediglich zurückgezogen wird („withdrawn").

> legitimate and political rights, and strive to live in peaceful coexistence and mutual dignity and security and achieve a just, lasting and comprehensive peace settlement and historic reconciliation through the agreed political process.“ [88]

Die Feindseligkeiten sollten definitiv eingestellt und ein dauerhaft friedliches Verhältnis etabliert werden. Diesen Vorsatz bestärkend, wurden vertrauensbildende Maßnahmen wie israelisch-palästinensische Koordination und Kooperation etwa im wirtschaftlichen Bereich oder in Sicherheitsfragen und Terrorismusangelegenheiten festgeschrieben.[89] Hierdurch wandelte sich die israelische Besetzung von einer kriegerischen (*occupatio bellica*) zu einer friedlichen (*occupatio pacifica*).[90]

Auffallend bleibt allerdings, dass weder die Frage der Besetzung noch der Begriff selbst an irgendeiner Stelle der Abkommen erwähnt ist. Dass es sich bei der israelischen Kontrolle über den Gazastreifen und das Westjordanland einschließlich Jerusalems um eine Besetzung handelt, bleibt indes unbestritten [91] – nicht zuletzt durch zahlreiche Resolutionstexte der Generalversammlung und des Sicherheitsrats der Vereinten Nationen, die von „territories occupied by Israel in June 1967, including Jerusalem“ oder von „occupation of Palestinian territory, including Jerusalem“ sprechen,[92] sowie Israel als „the occupying Power“ [93] ausweisen.

---

88 Präambel DOP.

89 Art. X, XI und XII sowie Anhang III und IV DOP.

90 Vergleichbar mit dieser *occupatio pacifica* ist etwa die Besetzung Deutschlands durch die Alliierten nach dem Zweiten Weltkrieg. Zum Ganzen vgl. Ibrahim, Waleed, *Die palästinensische Selbstregierung nach dem internationalen Gaza-Jericho-Abkommen vom 13. September 1993: Eine völkerrechtliche Studie*, Frankfurt a. M. u.a. 1998, S. 108 ff.

91 Vgl. Stoll, Tobias, *Sharing and Transferring Responsibilities for Security and Public Order*, in: Shapira, Amos / Tabory, Mala (Hrsg.), *New Political Entities in Public and Private International Law – With Special Reference to the Palestinian Entity*, The Hague u.a. 1999, S. 167 ff.; Ibrahim, Waleed, *Die palästinensische Selbstregierung nach dem internationalen Gaza-Jericho-Abkommen vom 13. September 1993: Eine völkerrechtliche Studie*, Frankfurt a. M. u.a. 1998, S. 104 ff.

92 Aus der Fülle hier exemplarisch zitiert aus Resolutionen jüngeren Datums: SC-Res. 904 vom 18. März 1994 und GA-Res. 54/42 vom 21. Januar 2000.

c. Differenzierung von Provisorium und Endstatus

Eine weitere, prinzipielle Bestimmung der Osloer Verträge ist die Differenzierung von provisorischem und endgültigem Status des palästinensischen Gemeinwesens. Hintergedanke war die geschichtliche Erfahrung – etwa von Camp David 1977 [94] und Madrid –, die bewiesen hatte, dass ein schlagartiger Konsens unter Einbeziehung aller Problemkomplexe nicht realisierbar ist. Vielmehr müsse eine Einigung über den künftigen Status in Form eines Prozesses der Positionsannäherung und Vertrauensbildung erwachsen. Dementsprechend wurden die zunächst unlösbaren Kernprobleme bewusst aus den bisherigen Verträgen ausgeklammert und auf eine separate Verhandlungsschiene verlegt. Noch auszuhandeln gilt unter anderem der Status Jerusalems und der jüdischen Siedlungen in den besetzten Gebieten, die Frage der palästinensischen Flüchtlinge und der Grenzen sowie Sicherheitsregelungen.[95]

---

93 SC-Res. 1322 vom 7. Oktober 2000, abgedruckt im Anhang.

94 Die israelisch-palästinensischen Vereinbarungen von Camp David aus dem Jahr 1977 hatten eine Autonomie der Palästinenser in den 1967 besetzten Gebieten anvisiert, wurden aufgrund von Interpretationsdivergenzen allerdings nicht implementiert. Vgl. Ibrahim, Waleed, *Die palästinensische Selbstregierung nach dem internationalen Gaza-Jericho-Abkommen vom 13. September 1993: Eine völkerrechtliche Studie*, Frankfurt a. M. u.a. 1998, S. 6 ff. Wortlaut des Rahmenabkommens von Camp David vom September 1978 in: Waart, Paul J.I.M. de, *Dynamics of self-determination in Palestine: protection of peoples as a human right*, Leiden u.a. 1994, S. 233 (engl., Auszug).
Madrid 1991 und Camp David 1977 stellen keineswegs die einzigen Friedensinitiativen in der Geschichte der jüdisch-palästinensisch-arabischen Konfrontation dar. Eine Zusammenstellung der wichtigsten Lösungsinitiativen für die Gesamtregion Nahost in: Ferdowsi, Mir A., *Frieden im Nahen Osten oder die Suche nach der Quadratur des Kreises*, in: ders. (Hrsg.), *Stand und Perspektiven des Nahost-Friedensprozesses, Arbeitspapiere zu Problemen der Internationalen Politik und der Entwicklungsländerforschung*, Nr. 29 / 2000, S. 1 f.

95 Art. V DOP und Art. XXXI Abs. 5 IA. Zum Ganzen vgl. Steinbach, Udo, *Das Gaza-Jericho-Abkommen: Wegmarke im Friedensprozeß*, in: Aus Politik und Zeitgeschichte, B 21-22 / 1994, S. 7 f. Diese ungelösten Kernfragen sind Gegenstand des Kapitels 3 dieser Untersuchung.

Das in den Rahmenabkommen angelegte und in den nachfolgenden Durchführungsabkommen sukzessiv errichtete System in den besetzten Gebieten stellt somit lediglich eine Interimslösung während einer „transitional period“ dar.[96] Es besteht eine vertragliche Verpflichtung der Parteien zur Beendigung des Interimszustandes und Aushandlung eines „permanent settlement based on Security Council Resolutions 242 and 338“.[97]

Ursprünglich war die Interimsphase, eingeläutet mit dem ersten Durchführungsabkommen, dem Gaza-Jericho-Abkommen vom 4. Mai 1994,[98] klar zeitlich auf maximal fünf Jahre determiniert.[99] Wurden die Endstatusverhandlungen auch, wie vertraglich vorgesehen,[100] im Mai 1996 aufgenommen,[101] so ist es doch nicht gelungen, bis Mai 1999 eine abschließende Einigung in den schärfsten Konfliktpunkten zu erzielen.

---

96 Art. I DOP.

97 Art. I DOP und Art. XXXI Abs. 6 und 7 IA. SC-Res. 242 und 338 sind im Anhang abgedruckt.

98 Näher zum Gaza-Jericho-Abkommen vgl. Steinbach, Udo, *Das Gaza-Jericho-Abkommen: Wegmarke im Friedensprozeß*, in: Aus Politik und Zeitgeschichte, B 21-22 / 1994, 27. Mai 1994, S. 3-12.

99 Art. I DOP.

100 Art. V Abs. 2 DOP.

101 Vgl. Asseburg, Muriel, *Palästina auf dem Weg zum Staat: Determinanten, Entwicklungen, Szenarien*, Ebenhausen bei München 1999, S. 25. Siehe hierzu auch unten, Kapitel 3.

E. Fazit: Der Osloer Friedensprozess – Initiator des palästinensischen Staatsbildungsprozesses

Der Wendepunkt, den die Palästinenserfrage mit dem Osloer Friedensprozess zwischen Israel und der PLO als Vertreterin des palästinensischen Volkes nahm, wurde häufig als „a new era in the history of the Middle East" ausgewiesen.[102]

Basierend auf der Einsicht der israelischen Führung seinerzeit, dass ein friedlicher Wandel im Konflikt mit den Palästinensern nicht ohne Einbeziehung der PLO zu erwirken sein wird, und unterlegt mit bemerkenswertem politischen Mut gelangten die Autoritäten beider Konfliktlager, Jassir Arafat und Jitzhak Rabin bzw. sein Außenminister Shimon Peres, Anfang der 1990er Jahre zu einer Art Gegengeschäft als Grundlogik ihres zukünftigen Verhältnisses. Ausgehend von der vertraglich fixierten Anerkennung der gegenseitigen Rechte beider Völker sollte die palästinensische Seite als Gegenleistung für ihren Gewaltverzicht sukzessiv Territorium in der Westbank und im Gazastreifen von der israelischen Militärverwaltung überantwortet bekommen – zusammengefasst unter der prägnanten Formulierung ‚Land gegen Frieden'.[103]

Die übergebenen Gebiete sollten einer autonomen palästinensischen Regierung für einen Interimszeitraum unterstellt und somit das palästinensische Recht auf Selbstbestimmung – zumindest partiell – realisiert werden. Im Zuge dieses Autonomieprozesses konnte sodann der palästinensische Staatsaufbau initiiert werden. Welche konkreten Resultate sind heute, nach über sieben Jahren Interimsphase, zu ver-

---

102 Brief des PLO-Vorsitzenden, Jassir Arafat, an den israelischen Ministerpräsidenten, Jitzhak Rabin, vom 9. September 1993, abgedruckt im Anhang.

103 Hier lassen sich Parallelen zum Ausgleich in Südafrika erkennen. Auch dort gab es eine Art Gegengeschäft, seinerzeit zwischen N. Mandela und F. W. de Klerk, unter Einbindung des Afrikanischen Nationalkongresses (ANC). Vgl. Birnbaum, Michael, *Der große Unterschied: Warum der Ausgleich in Südafrika kein Modell ist für den Frieden in Nahost*, in: SZ, 5./6. August 2000, wobei der Autor – wie der Titel bereits verdeutlicht – anderer Meinung ist.

zeichnen und welche Schwachstellen weist das errichtete Gemeinwesen auf ? Auf diese Fragen gibt das nun folgende Kapitel Antworten.

KAPITEL II : PALÄSTINENSISCHE AUTONOMIE ALS PROVISORIUM

Wenn auch der Einigungsprozess zwischen dem Staat Israel und der PLO als Vertreterin des palästinensischen Volkes Tiefschläge und Zeiten der Stagnation erfuhr, so brachte er doch als ein Zwischenergebnis für eine Interimsphase eine palästinensische Autonomie auf Teilen der 1967 besetzten Gebiete. Dieses Provisorium soll nun im folgenden Kapitel gemäß der Drei-Elemente-Lehre von Georg Jellinek, die sich in der Völkerrechtstheorie durchgesetzt hat, auf die Bestandteile Staatsgewalt, Staatsvolk und Staatsgebiet beleuchtet werden.[1] Die Osloer Verträge bilden hierbei eine elementare Grundlage aber nicht die alleinige Quelle. Denn der vertragliche Anspruch (*Law in the books*) soll auch in Relation zu der rechtlichen und politischen Wirklichkeit (*Law in action*) gesetzt werden.

Gegen Ende des Kapitels wird schließlich noch der rechtliche Status des palästinensischen Interimsgebildes untersucht. Die Ausführungen überblickend wird das Fazit klären: Inwieweit liegen nun staatliche Strukturen vor ? Welche Defizite weist das palästinensische Gemeinwesen (noch) auf und inwieweit verhindern diese, es als Staat im Sinne des Völkerrechts zu qualifizieren ?

A. Die palästinensische Selbstregierung

Zur partiellen Verwirklichung des Selbstbestimmungsrechts der Palästinenser verständigten sich die Konfliktparteien darauf, den palästinensischen Bewohnern der besetzten Gebiete einen Autonomiestatus in Form einer beschränkten Selbstregierung einzuräumen. Ihre Struktur, Befugnisse und Schranken sollen zunächst abstrakt vorgestellt und anschließend der vertragliche Anspruch bezüglich des politischen Systems der politischen Wirklichkeit gegenübergestellt werden.

---

1 Vgl. Jellinek, Georg, *Allgemeine Staatslehre*, Berlin 1914.

a. Struktur und Kompetenzen

Zur Ausübung der inneren Selbstbestimmung wurde eine *Palestinian Interim Self-Government Authority* (*Palestinian Authority*, PA) eingerichtet. Die prinzipiellen Grundlagen dieser palästinensischen Selbstregierungsbehörde wurden 1993 in der Prinzipienerklärung festgeschrieben, und ihre Kompetenzen 1995 im Interimsabkommen weiter präzisiert sowie geographisch und legitimatorisch, wenn auch nicht funktional, ausgeweitet.

Palestinian Council und Ra'ees

Zunächst hatte die israelische Militär- und Zivilverwaltung auf die neugeschaffene, palästinensische Selbstregierungsbehörde schrittweise Kompetenzen in den Bereichen innere Sicherheit, öffentliche Ordnung und zivile Verantwortlichkeiten übertragen. Ab 1996 gingen deren Funktionen in einem neuangelegten Institutionengefüge auf, das sich aus *Palestinian Council* und dem *Ra'ees* [2] der *Executive Authority of the Council* zusammensetzt.[3]

Der gemäß Prinzipienerklärung 82 in der Praxis 88 Abgeordnete umfassende *Palestinian Council* ist eine Art Parlament mit Legislativ- und

---

2 Die arabische Bezeichnung *Ra'ees* (Vorsitzender, Präsident) ist die im englischen Originaltext der Osloer Abkommen offiziell verwendete. Für moderne Staatenpraxis mag höchst ungewöhnlich sein, dass ein arabisches Wort in einem englisch abgefassten Völkerrechtsdokument Eingang fand. Doch wurde hierin palästinensischer Perzeption als ‚Präsidenten' des palästinensischen Gemeinwesens sowie israelischer als lediglich ‚Vorsitzendem' einer Selbstverwaltungsbehörde auf diplomatische Weise Rechnung getragen. Vgl. Shehadeh, Raja, *From Occupation to Interim Accords: Israel and the Palestinian Territories*, London u.a. 1997, S. 45.

3 *Palestinian Interim Self-Government Authority* bzw. *Palestinian Authority* und *Council* bzw. *Palestinian Council* sind die offiziellen Bezeichnungen in den Osloer Verträgen. Die Palästinenser hingegen verwenden in der Praxis die Bezeichnungen *Palestinian National Authority* (PNA) und *Palestinian Legislative Council* (PLC). Vgl. palästinensische, vor allem offizielle Publikationen.

Exekutivkompetenzen,[4] wobei letztere die *Executive Authority* ausübt, ein Ausschuss des Rates, dem Mitglieder des Rates und ernannte Vertreter angehören.[5]

Palestinian Council und *Ra'ees* wurden gesondert, gleichzeitig und nach demokratischen Grundsätzen von allen Palästinensern des Westjordanlandes, Gazastreifens und Ostjerusalems gewählt, die über 18 Jahre alt und in einem Bevölkerungsregister eingetragen waren. Diese direkten, freien und allgemeinen politischen Wahlen vom 20. Januar 1996 stellten ein Novum in der Geschichte der Palästinenser dar.[6] Die auffallend hohe Wahlbeteiligung von etwa 80 % (70 % in der Westbank und 88 % im Gazastreifen) galt als Spiegel der Akzeptanz des Osloer Transformationsprozesses in Richtung Frieden und Demokratie.[7] Jassir Arafat wurde mit 87 % der Stimmen zum *Ra'ees* gewählt [8] und seine Bewegung *Fatah* errang die überwältigende Mehrheit im Palästinensischen Rat.[9] (Zur Sitzverteilung siehe Graphik II.)

---

4 Der *Palestinian Council* ist in Kapitel 1 IA geregelt: Struktur s. Art. III; Umfang s. Art. IV; Kompetenzen s. Art. IX IA.

5 Die *Executive Authority* ist in Art. V IA geregelt.

6 Die Wahlen sind in Art. II IA geregelt. Gemäß Art. III Abs. 2 DOP hätten sie bis spätestens 13. Juli 1994 abgehalten werden sollen.

7 Vgl. Palestinian National Authority Official Website: http://www.pna.net/government/plc_back_mopic.htm. Hier auch weitergehende Ausführungen zur Arbeitsweise des *Council.*

8 Im Kontext der Wahlen kam der Vorwurf der Fälschung der Wahlergebnisse sowie der Verdacht auf, Israel und die internationale Staatengemeinschaft hätten aus Interesse an einem Wahlsieg Arafats hierzu geschwiegen. Vgl. Legrain, Jean-Francois, *Les Palestines du Quotidien: Les Élections de l'Autonomie, Janvier 1996*, 1999, S. 73 ff.

9 Ausgesprochen detailliert, Stimmkreis für Stimmkreis einzeln untersucht sind die Wahlen in Legrain, Jean-Francois, *Les Palestines du Quotidien: Les Élections de l'Autonomie, Janvier 1996*, 1999, S. 73.

Arafat nimmt seither in Personalunion die drei Schlüsselpositionen des Vorsitzenden der *Fatah*, des PLO-Exekutivkomitees und der Exekutivbehörde des Palästinensischen Rates ein.[10]

Indem der *Council* die einzig demokratisch gewählte Körperschaft der Palästinenser darstellt, war seine Legitimität ursprünglich zwar von herausragender Bedeutung; heute allerdings ist sie grundlegend in Frage gestellt. Denn das Mandat der Abgeordneten bezog sich – gemäß Osloer Abkommen – nur auf den Interimszeitraum, der ursprünglich bis zum Mai 1999 befristet war.[11] Nachdem bei Auslaufen der Übergangsphase keine Neuwahlen anberaumt worden waren, sondern das Mandat der Interimsregierung kurzerhand verlängert werden mußte, „ist die Legitimität der Abgeordneten nicht mehr das Volk“, so das Fazit der Untersuchung einer unabhängigen Juristengruppe.[12]

Palästinensische Polizei

Zur Wahrnehmung ihrer Verantwortung für öffentliche Ordnung und innere Sicherheit wurde der PA „a strong police force“ an die Seite gestellt,[13] die zusammen mit israelischen Militärs [14] die einzigen bewaff-

---

[10] Aufgrund der verschiedenen Funktionen, die Arafat ausübt, finden sich in der medialen Berichterstattung jeweils verschiedene, nicht selten subjektiv gefärbte Bezeichnungen wie ‚Präsident von Palästina', ‚Anführer der Terrororganisation PLO', ‚Chef der palästinensischen Guerillaorganisation' u.a. Doch bleibt die Art des Beinamen unerheblich, denn „Arafats Hauptfunktion ist diejenige eines Symbols“. Rubinstein, Danny, *Yassir Arafat: vom Guerillakämpfer zum Staatsmann*, Heidelberg 1996, S. 9.

[11] Siehe oben, Kapitel 1, Punkt D. c. „Differenzierung von Provisorium und Endstatus“.

[12] Zitiert nach einem Artikel des Nahostkorrespondenten der ‚Neuen Zürcher Zeitung', Kocher, Victor, *Einschweben in „Gazustan“: Arafats Palästinenserstaat – je greifbarer, desto unwirklicher*, in: NZZ, Nr. 95, 22./23. April 2000.

[13] Art. XIV IA.

[14] Unter israelischen Militärs („Israeli Military forces“) sind israelische Polizei und andere israelische Sicherheitskräfte zu verstehen. Art. X Abs. 5 IA.

neten Kräfte im Westjordanland und dem Gazastreifen ausmachen sollen. Vertraglich vereinbart sind 30.000 palästinensische Sicherheitskräfte; die tatsächliche Zahl übersteigt diese allerdings bei weitem, was Israel bisher zwar den Anlass zu Mahnungen, nicht aber zu gravierenden Auseinandersetzungen mit der PA gegeben hat.[15] Dennoch ist dieser Zustand eine bedeutende Komponente umfassender Kritik an „Aufblähung und Ineffizienz des öffentlichen Sektors".[16]

Die Verfügungsgewalt der palästinensischen Polizeitruppe erstreckt sich ausschließlich auf Palästinenser der Westbank und des Gazastreifens und unterliegt einer engen Pflicht zu Abstimmung und Zusammenarbeit mit der israelischen Militärverwaltung.[17] Schon hierin klingen erste der umfassenden Vorbehalte Israels bezüglich der Kompetenzen der PA an.

b. Souveränitätsbeschränkungen

Neben der Koordinations- und Kooperationsverpflichtung der palästinensischen Polizei unterliegt deren Kompetenz mithin einer personalen Einschränkung. Denn die Verantwortung für die öffentliche Ordnung und

---

15 Vgl. Asseburg, Muriel, *Palästina auf dem Weg zum Staat: Determinanten, Entwicklungen, Szenarien*, Ebenhausen bei München 1999, S. 34 f. Laut Angaben des Munzinger-Archivs beträgt die Zahl der Polizeikräfte rund 35.000 Mann, von denen 14.000 in der öffentlichen Sicherheit, 10.000 als Zivilpolizisten, 6.000 für allgemeine und militärische Geheimdienste, 3.000 für die Präsidialgarde und die verbleibenden als Küstenpolizei, Zivilschutz, Flugsicherung, Zoll- und Universitätssicherheitsdienste tätig sind. Vgl. Munzinger-Archiv/IH-Länder aktuell, Infobase Land, Land: Palästina, Kapitel: Politik.

16 Asseburg, Muriel, *Der palästinensische Staatsbildungsprozeß: Fortschritte, Hindernisse und Zukunftsaussichten*, in: Ferdowsi, Mir A. (Hrsg.), *Stand und Perspektiven des Nahost-Friedensprozesses*, Arbeitspapiere zu Problemen der Internationalen Politik und der Entwicklungsländerforschung, Nr. 29 / 2000, S. 17.

17 Art. XIII Abs. 2. Hierfür wurden ein *Joint Coordination and Cooperation Committee for Mutual Security Purposes* (JSC), *Joint Regional Security Committees* (RSCs) und *Joint District Coordination Offices* (DCOs) eingerichtet. Art. XII Abs. 3 IA.

die Sicherheit jüdischer Siedlungen [18] (Abbildung 4, 5 und 7) und israelischer Staatsbürger, die sich aus jeglichen Gründen in den Autonomiegebieten aufhalten, verbleibt vollständig bei Israel, das sich ebenso das „right of hot pursuit“, die Verfolgung von in Israel straffällig gewordenen Personen, vorbehalten hat.[19] Auch im Außensicherheitsbereich stehen der PA keine Kompetenzen zu. Israel obliegt nach wie vor die „responsibility for defense against external threats“ einschließlich der Sicherung der Grenzen zu Ägypten und Jordanien sowie der Luft- und Seewege (Abbildung 1).[20]

Gänzlich untersagt werden der PA selbst Außenbeziehungen, zu denen u.a. die Errichtung von Botschaften und Konsulaten zählt.[21] Außenpolitische Befugnisse wie die Aufnahme von Verhandlungen und das Unterzeichnen von Verträgen mit Staaten oder Internationalen Organisationen kann allein die PLO „for the benefit of the Council“ wahrnehmen.[22] Doch auch diese sind in enge Schranken gewiesen. Zulässig sind lediglich Vereinbarungen, die sich im wirtschaftlichen (etwa mit Geberstaaten), kultu-

---

18 Zu jüdischen Siedlungen siehe unten, Kapitel 3, Punkt B „Die jüdischen Siedlungen in der Westbank und im Gazastreifen“.

19 Art. X IA. So konnte erst jüngst nach einem tödlichen Anschlag von Palästinensern gegen israelische Soldaten die Verfolgung der Attentäter durch Sicherheitskräfte Israels bis in die autonomen Gebiete hinein aufgenommen werden. Vgl. Szpiro, George, *Sharons provokanter "Spaziergang" auf dem Tempelberg*, in: NZZ, Nr. 227, 29. September 2000.

20 Art. XII Abs. 1 IA. Siehe auch unten, Kapitel 2, Punkt C. c. „Sicherheitsregelungen für den Luftraum und das Küstengewässer“.

21 In der Konsequenz kann der palästinensischen Bevölkerung der Autonomiegebiete kein diplomatischer Schutz gewährt werden. Siehe hierzu auch unten, Kapitel 2, Punkt B. c. „Rechtlicher Status der Wohnbevölkerung in den Autonomiegebieten“.

22 Art. IX Abs. 5 b. IA. Eine komparative Betrachtung des Status von PLO und *Council / Palestinian Authority* siehe unten, Kapitel 2, Punkt D. b. „*Palestinian Authority* versus PLO“.

rellen und wissenschaftlichen Bereich oder im Rahmen der multilateralen Friedensgespräche bewegen.[23]

Bezüglich der Gesetzgebung behält sich Israel ein Interventionsrecht vor, von dem jedoch bisher kein Gebrauch gemacht wurde. Dennoch besteht weiterhin eine Mitteilungspflicht für sämtliche Legislativakte des *Council*.[24]

c. Zur Wirksamkeit der vertraglichen Auflagen

Wird die vertraglich angelegte Struktur der palästinensischen Interimsregierung analysiert, zeigt sich, dass die Osloer Abkommen den palästinensischen Staatswerdungsprozess auf ein richtungsweisendes Fundament gebettet haben. Die Säulen des politischen Systems des palästinensischen Gemeinwesens sollen gemäß der Verträge parlamentarische Demokratie und Rechtsstaatlichkeit bilden,[25] was demokratische Wahlen und ein auszuarbeitendes Grundgesetz beinhaltet [26] sowie die Verpflichtung, menschenrechtliche Standards zu respektieren.[27] Korreliert nun der vertragliche Anspruch auch mit der politischen Wirklichkeit ?

---

23 Art. IX Abs. 5 IA. Von welcher Relevanz diese Souveränitätsbeschränkungen der *Palestininan Authority* sind, wird sich unten zeigen, Kapitel 2, Punkt E. „Das palästinensische Provisorium – ein staatliches Gebilde ?“.

24 Art. XVIII Abs. 5 IA. Vgl. Asseburg, Muriel, *Palästina auf dem Weg zum Staat: Determinanten, Entwicklungen, Szenarien*, Ebenhausen bei München 1999, S. 34.

25 Art. XIX IA.

26 Art. III Abs. 7 IA.

27 Art. XIX IA. Analog hierzu lassen sich etwa die Bestimmungen der Besatzungsmächte Großbritannien, Frankreich und der USA von 1948 über die konstitutionelle Entwicklung Deutschlands nach dem Zweiten Weltkrieg anführen (Frankfurter Dokumente). Vgl. Giegerich, Thomas, *The Palestinian Autonomy and International Human Rights Law: Perspectives on an Ongoing Process of Nation-Building*, in: Shapira, Amos / Tabory, Mala (Hrsg.), *New Political Entities in Public and Private International Law – With Special Reference to the Palestinian Entity*, The Hague u.a. 1999, S. 191.

Zunächst sollte die historische Neuheit und Bedeutung der Wahlen zum *Council* hervorgehoben werden. Nicht nur in der palästinensischen Wohnbevölkerung der Autonomiegebiete löste dieser Schritt in Richtung nationale Unabhängigkeit eine Welle breiter Mobilisierung und Enthusiasmus aus. Sondern auch Abgeordnete des Palästinensischen Rats zeigten sich begeistert über die – in der arabischen Welt beispiellose – Freiheit und Offenheit der Diskussion in den Sitzungen „about even the most politically sensitive topics".[28] Doch paaren sich zu den hoffnungsvollen Errungenschaften auch frustrierende Entwicklungen, die sich schon bald nach der konstituierenden Sitzung des *Council*, am 7. März 1996,[29] abzeichneten und die dem politischen System im Gesamten den Mantel des Neopatrimonialismus umlegen.[30]

Von weniger gravierender Bedeutung scheint hierbei die Tatsache zu sein, dass der *Council* sich nicht aus verschiedenen Fraktionen zusammensetzt und infolgedessen die Mitglieder ihre Stimmabgabe vorwiegend an ihrer persönlichen Überzeugung orientieren können. Denn Fraktionszwang, für Demokratien ein gewöhnliches Charakteristikum, in die spezifisch palästinensische Situation implantiert, würde möglicherweise mit „tyranny of a majority directed by one individual" einhergehen.[31]

---

28 Vortrag des *Council*-Mitglieds und Professors für Politische Wissenschaften an der Birzeit Universität, Abu Amr, Ziad, *The Palestinian Legislative Council*, in: Abdul Hadi, Mahdi (Hrsg.), *Dialogue on Palestinian State-Building and Identity*, Jerusalem 1999, S. 26.

29 An der Sitzung am 7. März eines jeden Jahres ist auch Jassir Arafat persönlich im Palästinensischen Rat anwesend.

30 Das neopatrimoniale Herrschaftssystem in den Palästinensergebieten wird ausführlich behandelt bei Brynen, Rex, *The Neopatrimonial Dimension of Palestinian Politics*, in: J.P.S. XXV, no. 1 (Autumn 1995), S. 23-36 und Asseburg, Muriel, *Palästina auf dem Weg zum Staat: Determinanten, Entwicklungen, Szenarien*, Ebenhausen bei München 1999, Kapitel III.

31 Die latente Andeutung bezieht sich unzweifelhaft auf Arafat. Abu Amr, Ziad, *The Palestinian Legislative Council*, in: Abdul Hadi, Mahdi (Hrsg.), *Dialogue on Palestinian State-Building and Identity*, Jerusalem 1999, S. 27 f.

Asymmetrische Machtverteilung

Eklatante Schwachstelle der palästinensischen Selbstregierung ist allerdings die Unterminierung der Gewaltenteilung durch asymmetrische Machtverteilung zugunsten der Exekutive, namentlich ihres Vorsitzenden Jassir Arafat. Jegliche Anträge und Vorlagen des *Council* laufen Gefahr, von Arafat als persönlicher Angriff interpretiert zu werden, was mit tagelanger Suspendierung der Ratstätigkeit sanktioniert wird. Die weitreichende Ohnmacht des *Council* verunmöglicht es Mitgliedern, Anliegen der palästinensischen Bürger durchzusetzen, wodurch diese wiederum ihr Vertrauen in den *Council* im besonderen, aber auch in das politische System der Autonomiegebiete im allgemeinen verlieren.

Als prominentestes Beispiel für die Blockade der Legislative durch die Exekutive gilt die Weigerung Arafats, ein seit Jahren ausgearbeitetes und vom *Council* bereits verabschiedetes Grundgesetz zu unterzeichnen.[32] Denn dort verankerte klare Fixierung der Kompetenzverteilung auf die verschiedenen Regierungsorgane könnten freilich Mechanismen der Machtkonzentration auf die Exekutive und hiermit auf Arafat wirksam verhindern.[33]

Der PLO-Führungsstil Arafats „in a rather dictatorial fashion“ [34] aus Zeiten des Befreiungskampfes übertrug sich demnach auf die palästinensische Selbstregierung. Der Loyalität der Mitglieder der *Executive*

---

32 Der dritte Entwurf des *Basic Law for the National Authority in the Transitional Period* ist ungekürzt abgedruckt in: Cotran, Eugene / Mallat, Chibli (Hrsg.), *The Arab-Israeli Accords: Legal Perspectives*, The Hague u.a. 1996, S. 137-154. Vgl. auch Munzinger-Archiv/IH-Länder aktuell, Infobase Land, Land: Palästina, Kapitel: Politik.

33 Eine ausführliche Darstellung von Problemen dieser Art anhand diverser Beispiele vgl. Abdul Qader, Hatem, *The Palestinian Legislative Council and Civil Society*, in: Abdul Hadi, Mahdi (Hrsg.), *Dialogue on Palestinian State-Building and Identity*, Jerusalem 1999, S. 88 ff.

34 Wing, Adrien Katherine, *Democracy, Constitutionalism and the Future State of Palestine*, Jerusalem 1994, S. 9.

Authority einschließlich deren Angehörigen und Schützlingen kann sich Arafat sicher sein, indem sie – nicht selten ehemalige treue Exilskämpfer – ihm Dankbarkeit für ihren heutigen Posten in der Interimsregierung schulden.[35] Zur Grundsatzfrage, ob eine Transformation von Anführern einer nationalen Befreiungsbewegung in demokratisch legitimierte Oberhäupter einer Regierung überhaupt möglich ist, lassen sich die Beispiele von Zimbabwe (Präsident Robert Mugabe), Mozambique (Präsident Samora Machel) oder Namibia (Präsident Sam Nujoma) anführen – wenn auch die Transformation in diesen Fällen mit einigen Schwierigkeiten vonstatten gegangen war.[36]

Obgleich Arafat den Nukleus der mangelnden Wirksamkeit von Demokratie und Gewaltenteilung in der palästinensischen Selbstregierung ausmacht, so bestehen doch weitere Stolpersteine der Demokratisierung in der Bevölkerung der Autonomiegebiete selbst. Betrachten wir diese nun eingehender.

B. Die palästinensische Volksgruppe in den autonomen Gebieten

Um das in den Abkommen entworfene politische System in die Realität umzusetzen, bedurfte es nicht nur der Institutionalisierung und Effektivität der palästinensischen Herrschaft über die Autonomiegebiete. Sondern die völkerrechtlich vereinbarten *demo*kratischen Strukturen benötigen zusätzlich, durch das *demos* (griechisch: Volk) mit Leben gefüllt zu werden. Wie aber soll das gelingen, bedenkt man, dass sich die etwa drei Millionen Palästinenser der 1967 besetzten Gebiete teils aus ehemaligen Befreiungskämpfern des Exils, aus Bewohnern von Gebieten

---

35 V. Kocher spricht von einem "Heer von bezahlten Loyalisten". Vgl. Kocher, Victor, *Einschweben in „Gazustan": Arafats Palästinenserstaat – je greifbarer, desto unwirklicher*, in: NZZ, Nr. 95, 22./23. April 2000.

36 Vgl. Wing, Adrien Katherine, *Democracy, Constitutionalism and the Future State of Palestine*, Jerusalem 1994, S. 9.

unter jahrzehntelanger, zum Teil kriegerischer Besetzung sowie aus Flüchtlingen zusammensetzt ? [37]

a. Demokratisierungsprobleme in den Autonomiegebieten

Die Parteienproblematik

Die palästinensische Volksvertretung, die PLO, weist zwar einen beachtlichen und für die arabische Welt beispiellosen Grad an politischem Pluralismus auf, an dem hätte angeknüpft werden können, als es vor den Wahlen zum *Council* von 1996 galt, politische Parteien zu formieren. Doch war es den verschiedenen Befreiungsgruppierungen der PLO nicht gelungen bzw. hatten sie nicht intendiert, sich in politische Parteien zu transformieren. Wenn auch nach der Errichtung der *Palestinian Authority* innerhalb weniger Monate zahlreiche Neugründungen von Parteien aus der Mitte der Bevölkerung in den Palästinensergebieten zu verzeichnen waren (mehr als 20, werden nur die ernsthaften Initiativen gezählt), so trat die signifikante Mehrheit der Kandidaten (503 von 672) zu den *Council*-Wahlen letztlich doch als Unabhängige an.[38] Die gewählten Volksvertreter standen somit nach ihrer Wahl vor der Herausforderung, sich in politischen Parteien zu formieren.[39]

---

[37] Detaillierte Tabellen zur Demographie dieser Gebiete finden sich auf der offiziellen Website der palästinensischen Delegation bei der UNO, unter: http://www.palestine-un.org/info/dem.html.

[38] Vgl. Legrain, Jean-Francois, *Les Palestines du Quotidien: Les Élections de l'Autonomie, Janvier 1996*, 1999, S. 41 ff.

[39] Ein denkbares Szenario hierfür hatte der Leiter der *Palestinian Academic Society for the Study of International Affairs* (PASSIA), M. Abdul Hadi, einige Tage nach den Wahlen zum *Council* aufgezeichnet; vgl. Abdul Hadi, Mahdi, *Assessment of the Palestinian Elections*, in: ders. (Hrsg.), *Dialogue on Palestinian State-Building and Identity*, Jerusalem 1999, S. 11 f.

Der Mangel an Demokratieerfahrung und Partizipationsethik

Nicht nur aufgrund der Funktionsweise der PLO, die demokratischer Legitimation entbehrt,[40] sondern auch weil in den besetzten Gebieten über Jahrzehnte keine Wahlen abgehalten worden waren, mangelt es den Palästinensern an Demokratieerfahrung und an Verwurzelung einer Partizipationsethik am politischen Geschehen.[41] Auch die anfängliche Begeisterungs- und Mobilisierungswelle im Umfeld der Wahlen 1996 ebbte inzwischen durch die frustrierenden Entwicklungen in der palästinensischen Interimsregierung wieder ab. Eine Konsequenz dessen ist die unzureichende Verfolgung des tagespolitischen Geschehens, somit der Aktivitäten des *Council* und der politischen Akteure in den Autonomiegebieten, seien es Gruppierungen oder Einzelpersonen, durch die Bevölkerung.[42]

Das Bildungsniveau

Dies wiederum, sowie Demokratisierung im allgemeinen setzt ein gewisses Bildungsniveau voraus. Obwohl Palästinenser ein vergleichsweise hohes Bildungsniveau in der arabischen Welt im Nahen Osten vorweisen können, gibt es unter ihnen auch Bevölkerungsteile, deren Zugang zu Bildung durch die historische Sonderentwicklung gravierend beeinträchtigt worden ist. Während der *Intifada* etwa hielt die israelische

---

40 Vgl. Giegerich, Thomas, *The Palestinian Autonomy and International Human Rights Law: Perspectives on an Ongoing Process of Nation-Building*, in: Shapira, Amos / Tabory, Mala (Hrsg.), *New Political Entities in Public and Private International Law – With Special Reference to the Palestinian Entity*, The Hague u.a., 1999, S. 218.

41 In der Westbank waren seit 1976 und im Gazastreifen sogar seit 1946 keine Wahlen mehr abgehalten worden. Vgl. Wing, Adrien Katherine, *Democracy, Constitutionalism and the Future State of Palestine*, Jerusalem 1994, S. 9.

42 Dieser Missstand führte den *Council*-Abgeordneten Z. Abu Amr zu der Frage: „What is the practical benefit if more issues are discussed than in the Jordanian parliament if no one hears about it ?". Abu Amr, Ziad, *The Palestinian Legislative Council*, in: Abdul Hadi, Mahdi (Hrsg.), *Dialogue on Palestinian State-Building and Identity*, Jerusalem 1999, S. 27.

Militärverwaltung die palästinensischen Schulen weitgehend geschlossen, wodurch ganze Bevölkerungsteile einiger Ausbildungsjahre (etwa 1987 - 1991) und somit teilweise ihrer Abschlüsse entbehren. Genannt seien auch die Vertriebenen, deren Leben in Flüchtlingslagern (Abbildung 6 und Graphik IV) eine umfassende Ausbildung hemmt.[43]

Bezüglich seiner Öffentlichkeitswirksamkeit stellt sich dem *Council* folglich der Anspruch, sowohl die palästinensischen Intellektuellen als eben auch die bildungsärmeren Schichten zu politischer Partizipation zu mobilisieren. In der Bevölkerung der Autonomiegebiete selbst bedarf es noch einer Evolution von einer „Exils- und Revolutionsmentalität zu einer staatsbildenden Mentalität".[44]

b. Nationswerdung der Palästinenser

Reduziert sich der Untersuchungsbereich hier lediglich auf diejenige Volksgruppe der Palästinenser, die permanente Wohnbevölkerung der Autonomiegebiete ist (zu diesen Gebieten siehe Abbildung 3 und 4), so bildet doch allein schon diese Gruppe eine hochkomplexe Gemeinschaft.

Zunächst lässt sich feststellen, dass die Palästinenser zwar (noch) nicht über einen eigenen Staat verfügen, jedoch bereits eine in der PLO organisierte Gemeinschaft konstituieren, die den innigsten Wunsch nach nationaler Unabhängigkeit hegt oder nüchterner ausgedrückt, das klar formulierte politische Ziel der Eigenstaatlichkeit verfolgt. Insofern lässt sich

---

43 Vgl. Wing, Adrien Katherine, *Democracy, Constitutionalism and the Future State of Palestine*, Jerusalem 1994, S. 5 f. Ausführlich zu den palästinensischen Flüchtlingen siehe unten, Kapitel 3, Punkt A. „Die palästinensischen Flüchtlinge".

44 Gepräch mit Ashrawi, Hanan, *Problems of Palestinian Nation-Building*, in: Konrad-Adenauer-Stiftung (Hrsg.), *Der Nahe Osten und der Euro-Arabische Dialog auf dem Hintergrund des israelisch-palästinensischen Friedensprozesses*, St. Augustin 1995, S. 100.

der Prozess der Nationsbildung als „bereits vor der Staatsbildung weitgehend abgeschlossen" betrachten.[45]

Getrübt wird das einende Nationalbewusstsein allerdings durch die tiefe Fragmentierung der palästinensischen Identität im allgemeinen sowie schon allein der palästinensischen Volksgruppe in den Autonomiegebieten. Hier durchziehen Konfrontationslinien die Bevölkerung in horizontaler wie vertikaler Richtung: Antipathien zwischen Gazastreifen- und Westbankbewohnern, mangelnde Solidarität von Bürgern gegenüber Flüchtlingen,[46] Unverständnis zwischen Exils- und Okkupationsgeneration [47] und besonders Rivalität zwischen ehemaligen Befreiungskämpfern des Exils und lokalen Widerstandskämpfern.[48]

Ein denkbares Szenario in der palästinensischen Volksgruppe in den Autonomiegebieten wäre demzufolge eines, das wiederholt auch für die israelische Gesellschaft prognostiziert wurde: Fällt durch den israelisch-palästinensischen Annäherungs- und Einigungsprozess und einen endgültigen Friedensvertrag das gegenseitige, primäre Feindbild sukzessiv weg, so ist möglicherweise eine innergesellschaftliche Instabilisierung zu befürchten. Denn die bisher solidarisierende Konzentration auf den außen-

---

45 Asseburg, Muriel, *Palästina auf dem Weg zum Staat: Determinanten, Entwicklungen, Szenarien*, Ebenhausen bei München 1999, S. 11.

46 Zu Ressentiments und Missachtung gegenüber den palästinensischen Flüchtlingen in der Westbank und im Gazastreifen seitens anderer Palästinenser vgl. Rößler, Hans-Christian, *Vielen Palästinensern im Flüchtlingslager hilft nur die Flucht in die Vergangenheit – und das seit 52 Jahren: Israel will keine moralische Verantwortung übernehmen - Auch im palästinensischen Alltag ist wenig Solidarität mit den Vertriebenen zu spüren*, in: FAZ, Nr. 181, 7. August 2000.

47 Unter Okkupationsgeneration ist diejenige zu verstehen, die über Jahre (teils Jahrzehnte) durch das repressive Besatzungsregime Israels geprägt wurde.

48 Vgl. Jirbawi, Ali / Nofal, Mamdouh, *Palestinian National Identity and the Relation between the Returnees and the People of the Homeland*, in: Abdul Hadi, Mahdi (Hrsg.), *Dialogue on Palestinian State-Building and Identity*, Jerusalem 1999, S. 56 ff.; vgl. zum Ganzen Asseburg, Muriel, *Palästina auf dem Weg zum Staat: Determinanten, Entwicklungen, Szenarien*, Ebenhausen bei München 1999, S. 10 ff.

politischen Bedrohungsfaktor würde umschwenken auf die innergesellschaftlichen Konfrontationslinien, die wiederum in einen "Bruderkrieg" ausarten könnten.[49]

c. Rechtlicher Status der Wohnbevölkerung in den Autonomiegebieten

In der Diskussion um die Identität der palästinensischen Volksgruppe in den Autonomiegebieten rücken seit dem Osloer Friedensprozess juristische Faktoren, wie etwa Staatsangehörigkeit, vermehrt in den Vordergrund. Hier stellt sich die Frage nach dem rechtlichen Status der Palästinenser des Interimsgebildes. Zur Untersuchung empfiehlt sich ein knapper historischer Rückblick.

Historischer Rückblick

Gemäß *Section 1* der *Palestinian Citizenship Order* vom Juli 1925 wurde allen Bewohnern Mandatspalästinas ab dem 1. August 1925 die *Palestinian Citizenship* verliehen. Obwohl diese nach völkerrechtlichen Maßgaben nicht als vollständige Staatsbürgerschaft anerkannt war, wurden dessen Träger nicht als Staatenlose [50] betrachtet.

Mit der Beendigung des britischen Mandats und der Proklamation des Staates Israel 1948 änderte sich der rechtliche Status der Bewohner des vormaligen Mandatsgebiets grundlegend, denn die *Palestinian Citizenship Order* wurde wirkungslos. Palästinensische Araber, die auf nunmehr israelischem Staatsterritorium (Abbildung 2) verblieben waren, wurden von Israel eingebürgert (*Israeli Nationality Law* von 1952). Nach der Eroberung und der Annexion des Westjordanlandes durch Transjordanien im Zuge des israelisch-arabischen Krieges von 1948 wurde den

---

[49] Dieses Szenario wird für die israelische Gesellschaft beschrieben von Schneider, Chaim Richard, *Israel am Wendepunkt: Von der Demokratie zum Fundamentalismus ?*, München 1998, S. 217.

[50] Zu Staatenlosen vgl. Seidl-Hohenveldern, Ignaz, *Völkerrecht*, Köln u.a. 1997, S. 270 Rz. 1302 ff.

dort lebenden Palästinensern die jordanische Staatsangehörigkeit verliehen (*Jordanian Nationality Laws* von 1949 und 1954).[51] Als das Königreich Jordanien 1988 die Herrschaft über die Westbank aufkündigte, wurden deren palästinensische Einwohner allerdings zu echten Staatenlosen.[52] Die Palästinenser des Gazastreifens waren hingegen bereits seit 1948 staatenlos, da ihnen die ägyptische Staatsbürgerschaft unter der Militärverwaltung Ägyptens 1948-1967 nicht verliehen worden war.[53]

---

51 Obwohl gemäß der Waffenstillstandsverträge zwischen Israel und den arabischen Staaten nach dem Unabhängigkeitskrieg von 1948 die vereinbarten Demarkationslinien ausdrücklich nicht als Grenzen ausgelegt werden durften, annektierten Israel und das damalige Transjordanien ihre Gebietsgewinne. Durch diesen Annexionsakt verstießen Israel und Transjordanien nicht nur gegen die Waffenstillstandsabkommen, sondern missachtet wurde auch das völkerrechtliche Annexionsverbot, das sich nach heutigem Völkerrecht aus dem generellen Kriegsverbot ergibt.
Mit der Annexion hatte Transjordanien territoriale Ambitionen in Palästina verwirklichen können, bemühte sich aber um innerarabische Legitimation unter dem Vorwand der Befreiung Palästinas. Der durch die transjordanische Annexion *de iure* am 24. April 1950 entstandene Neustaat nannte sich fortan „Haschemitisches Königreich von Jordanien".
Vgl. Gainsborough, J. Russell, *The Arab-Israeli Conflict: A Politico-Legal Analysis*, Vermont 1986, S. 52 ff.; Kimminich, Otto / Hobe, Stephan, *Einführung in das Völkerrecht*, Tübingen/Basel 2000, S. 88 f. Zur geschichtlichen Entwicklung vom *liberum ius ad bellum* im klassischen Völkerrecht hin zum universellen Gewaltanwendungsverbot (Art. 2 Ziff. 4 SVN) im modernen Völkerrecht vgl. aaO, S. 48 ff.; Baumgarten, Helga, *Palästina: Befreiung in den Staat. Die palästinensische Nationalbewegung seit 1948*, Frankfurt 1991, S. 50.

52 *Echte* Staatenlose unterscheiden sich von *de facto* Staatenlosen, die freiwillig auf die Staatsangehörigkeit verzichten, etwa bei Ersuchen um politisches Asyl im Ausland. Vgl. Kimminich, Otto / Hobe, Stephan, *Einführung in das Völkerrecht*, Tübingen/Basel 2000, S. 93.

53 Vgl. Takkenberg, Lex, *The Status of Palestinian Refugees in International Law*, Oxford 1998, S. 178 ff. Im Gegensatz zu Israel und Transjordanien hatte Ägypten seinen Gebietsgewinn infolge des Krieges von 1948, den Gazastreifen, nicht annektiert, sondern lediglich einer Militärverwaltung unterstellt. Vgl. Gainsborough, J. Russell, *The Arab-Israeli Conflict: A Politico-Legal Analysis*, Vermont 1986, S. 52 ff.

Gegenwärtiger Status

Der rechtliche Status der permanenten Wohnbevölkerung von Westbank und Gazastreifen wird heute nicht mehr als staatenlos bezeichnet. Freilich geht Staatsbürgerschaft für gewöhnlich mit der Existenz eines souveränen Staates einher,[54] als welcher das palästinensische Gemeinwesen (noch) nicht qualifiziert werden kann.[55] Dennoch besteht auch für nichtstaatliche Gebilde die Möglichkeit, zu natürlichen Personen eine Verknüpfung ähnlich einer Staatsbürgerschaft herzustellen.[56] So ist die *Palestinian Authority* kraft ihrer effektiven Kontrolle über bestimmte Gebiete berechtigt, der palästinensischen Wohnbevölkerung der Westbank und des Gazastreifens Ausweise („identity cards“) auszustellen, die zur Einreise nach Israel, und Pässe („passports / travel documents“), die zur Ausreise in Drittstaaten berechtigen.[57] Der Wert dieser Dokumente liegt darin, dass der registrierten Bevölkerung der Autonomiegebiete ein Rückkehrrecht in diese nicht verweigert werden kann und sie folglich nicht mehr als staatenlos gelten.

Dennoch ist der Wirkungsgrad dieser Papiere beschränkt. Denn zunächst besitzen sie nur Gültigkeit im Verhältnis zu denjenigen Staaten, die die *Palestinian Authority* – wenn auch nur implizit – anerkannt haben. Andernfalls besteht keine rechtliche Verpflichtung für Staaten, diese Pässe

---

54 Vgl. Küng, Manfred / Eckert, Martin K., *Repetitorium zum Völkerrecht*, Bern u.a. 1993, S. 176.

55 Die Frage der (Nicht-)Staatlichkeit des palästinensischen Gebildes wird unten geklärt, Kapitel 2, Punkt E. „Das palästinensische Provisorium – ein staatliches Gebilde ?“.

56 Zur Verdeutlichung führt A. Zimmermann u.a. die Beispiele Danzig, Saarland und Namibia an. Vgl. Zimmermann, Andreas, *The Nationality of the Inhabitants of the Palestinian Autonomous Territories*, in: Shapira, Amos / Tabory, Mala (Hrsg.), *New Political Entities in Public and Private International Law – With Special Reference to the Palestinian Entity*, The Hague u.a. 1999, S. 240 ff.

57 Annex III (Protocol Concerning Civil Affairs), Appendix I, Art. XXVIII (Population Registry and Documentation) IA. Die PA gibt seit November 1997 die palästinensischen “ID cards” aus.

anzuerkennen. Des weiteren muss die palästinensische Nationalität [58] hinter der Vorrangigkeit anderer Staatsangehörigkeiten zurücktreten. Denn dauerhafter Aufenthalt von Ausländern in den Palästinensergebieten und Erwerb der besagten Papiere nimmt keinen Einfluss auf die ursprüngliche Staatsangehörigkeit der Ausländer (beispielsweise ein Verlust dieser).[59]

Ein weiterer Anhaltspunkt zur Bestimmung des rechtlichen Status der palästinensischen Bevölkerung in den Autonomiegebieten ergibt sich aus dem Umfang der Souveränität der palästinensischen Interimsregierung. Aufgrund der Kompetenzbeschränkungen in Außenbeziehungen [60] ist sie nicht in der Lage, der mit ihr verbundenen Bevölkerung diplomatischen Schutz zu gewähren. Im Ernstfall können sich daraus schwerwiegende Konsequenzen ergeben, beispielsweise im Zusammenhang mit der Frage nach dem Schutz von Palästinensern, die außerhalb der Autonomiegebiete etwa durch israelische Kräfte in Gewahrsam genommen werden. Daran zeigt sich, dass, solange noch kein endgültiges Ordnungssystem einschließlich normaler zwischenstaatlicher Beziehungen zwischen Israel und dem palästinensischen Gemeinwesen etabliert ist, weiterhin ein Bedarf an völkerrechtlichen Normen zum Schutz der Palästinenser besteht.[61]

Positiv gilt es abschließend festzuhalten, dass sich der rechtliche Status der Palästinenser, die permanent in den Autonomiegebieten ansässig sind

---

58 Der Begriff 'Nationalität' wird hier als Umgehung des Begriffes 'Staatsangehörigkeit' gewählt, als welche das Band zwischen Palästinensern und PA im strengen Sinne nicht bezeichnet werden kann.

59 Vgl. Busse, Daniel, *New Political Entities and the Conflict of Laws: A German View*, in: Shapira, Amos / Tabory, Mala (Hrsg.), *New Political Entities in Public and Private International Law – With Special Reference to the Palestinian Entity*, The Hague u.a. 1999, S. 121.

60 Siehe hierzu oben, Kapitel 2, Punkt A. b. „Souveränitätsbeschränkungen".

61 Vgl. Gasser, Hans-Peter, *The Geneva Conventions and the Autonomous Territories in the Middle East*, in: Bowen, Stephen (Hrsg.), *Human Rights, Self-determination and Political Change in the Occupied Palestinian Territories*, The Hague 1997, S. 296 f.

und vormals staatenlos waren, nunmehr signifikant verbessert hat. Für eine volle palästinensische Staatsbürgerschaft sind indes wesentliche Merkmale noch nicht ausgeprägt, weshalb lediglich von einer Vorform gesprochen werden kann. Deren weitere Ausformung wird auch die essentielle Grundfrage zu klären haben, *wer* Inhaber dieser künftigen palästinensischen Staatsbürgerschaft werden kann und wer somit berechtigter Angehöriger des palästinensischen Gemeinwesens sein wird.[62]

C. Die palästinensischen Autonomiegebiete

Nachdem die Regierung und die Bevölkerung der Autonomiegebiete untersucht wurde, richtet sich die Aufmerksamkeit nun auf das dritte Element von Staatlichkeit, das Territorium. Im Zentrum stehen die Fragen, welche Kompetenzen gemäß der Osloer Abkommen die palästinensische Selbstregierung auf welchen Gebieten auszuüben berechtigt ist und welche Konsequenzen sich daraus in der Praxis ergeben.

a. Territoriale Fragmentierung durch Kompetenzabstufung

Die Ausübung der Kompetenzen des *Council* ist territorial abgestuft. Drei Gebietstypen, Zone A, B und C, wurden gebildet, in denen Israel bezüglich der Sicherheit verschieden stark involviert ist (Abbildung 3 und 4 sowie Graphik III).

In Zone A verfügt der Palästinensische Rat über volle Zuständigkeit für innere Sicherheit, öffentliche Ordnung und zivile Angelegenheiten. Hierzu zählen die sechs palästinensischen Ballungsgebiete: die Städte Bethlehem, Jenin, Kalkilya, Nablus, Ramallah und Tulkarem.

---

62 Vgl. zum Ganzen Zimmermann, Andreas, *The Nationality of the Inhabitants of the Palestinian Autonomous Territories*, in: Shapira, Amos / Tabory, Mala (Hrsg.), *New Political Entities in Public and Private International Law – With Special Reference to the Palestinian Entity*, The Hague u.a. 1999, S. 231-246. Diese Frage ist eng mit der Rückkehrproblematik der palästinensischen Flüchtlinge verknüpft. Siehe hierzu unten, Kapitel 3, Punkt A. „Die palästinensischen Flüchtlinge“.

In Zone B wird dem Rat ebenfalls uneingeschränkte zivile Verantwortlichkeit zugestanden, die palästinensische Zuständigkeit für die öffentliche Ordnung wird allerdings der israelischen für die Sicherheit insgesamt untergeordnet. Diese Zone umfasst die etwa 450 palästinensischen Städte und Dörfer (Abbildung 5), in denen der Großteil der palästinensischen Bevölkerung lebt (68 % 1995).

In Zone C werden dem Palästinensischen Rat lediglich zivile Befugnisse bewilligt, die in keinem territorialen Bezug stehen und sich nicht auf israelische Staatsbürger, Siedlungen oder militärische Anlagen beziehen. Konkret sind darunter Bereiche wie Bildungs- und Gesundheitswesen, Bank- und Währungsangelegenheiten, Telekommunikation oder auch Tourismus zu verstehen.[63] Kompetenzen im Bereich öffentliche Ordnung und Sicherheit verbleiben vollständig bei Israel. Hier handelt es sich um nichtbevölkerte oder strategisch bedeutsame sowie jüdisch besiedelte Gebiete.[64]

Inzwischen kontrolliert die palästinensische Selbstregierung etwa 60 % des Gazastreifens und 40 % der Westbank [65] (teils Zone A, teils Zone B) und somit etwa 90 % der palästinensischen Wohnbevölkerung dieser Gebiete.[66]

---

63 Eine detaillierte Auflistung der palästinensischen und israelischen Kompetenzen vgl. Reisner, Daniel, *Unraveling the Knot: Negotiating Civil Autonomy Amidst Security and Political Uncertainty*, in: Shapira, Amos / Tabory, Mala (Hrsg.), *New Political Entities in Public and Private International Law – With Special Reference to the Palestinian Entity*, The Hague u.a. 1999, S. 111 ff.

64 Art. XI IA.

65 Vgl. *After Cabinet approves hand-over of Abu Dis: Levy: NRP will leave coalition*, in: Ha'aretz Vol. 78, 16. Mai 2000.

66 Vgl. Asseburg, Muriel, *Palästina auf dem Weg zum Staat: Determinanten, Entwicklungen, Szenarien*, Ebenhausen bei München 1999, S. 32.

Das Interimsabkommen verfügt, dass

> „movement of people, vehicles and goods in the West Bank, between cities, towns, villages and refugee camps, will be free and normal, and shall not need to be effected through checkpoints or roadblocks". [67]

Wenn demzufolge innerhalb des Westjordanlandes den Palästinensern vertraglich Bewegungsfreiheit eingeräumt wurde,[68] so gelten für einen Ortswechsel zwischen Westbank, Gaza und Ostjerusalem wiederum eigene Regelungen.

b. *Safe passages* und israelische Abriegelungspolitik

Für den Transit von Palästinensern zwischen Westbank und Gazastreifen wurden *safe passages* vereinbart, die diese Gebiete miteinander verbinden. Bisher wurde die Eröffnung zwei solcher Transitstrecken, einer Süd- und einer Nordroute, für Ende 1999 und Anfang 2000 genehmigt.[69] Hierunter sind nicht etwa – wie von palästinensischer Seite gefordert – eigene Korridore zu verstehen. Vielmehr handelt es sich um explizit festgelegte, reguläre, vorwiegend alte Straßen,[70] die unter vollständiger Sou-

---

67 Annex I, Art. IX 2a IA.

68 In der Praxis wurde diese allerdings mehrfach durch Israel untergraben. Infolge der Unruhen seit September 2000 beispielsweise unterband Israel den Ortswechsel von Palästinensern zwischen Gebieten von unterschiedlichem Status (Zone A, B oder C) innerhalb der Westbank und des Gazastreifens durch Betonblöcke und Panzersperren, die laut Presseberichten in der Regel selbst für Transporte verderblicher Waren oder in medizinischen Notfällen nicht passierbar waren. Vgl. *Prekärer Alltag der Palästinenser: die Abriegelung führt zu starkem Wirtschaftsrückgang*, in: NZZ, Nr. 251, 27. Oktober 2000.

69 Art. 5 *Sharm ash-Sheikh Memorandum* sowie Art. III Abs. 3 *Wye River Memorandum*.

70 Der Verkehr von Gütern erfolgt über andere Routen als der von Personen. Annex I, Art. X Abs. 1c IA.

veränität Israels verbleiben.[71] Zwar ist stets zumindest eine der *safe passages* unter allen Umständen offen zu halten.[72] Dennoch besteht gemäß Interimsabkommen

> „Israel's right, for security and safety considerations, to close the crossing points to Israel and to prohibit or limit the entry into Israel"

für Personen und Fahrzeuge aus der Westbank und dem Gazastreifen.[73]

Benutzungsmodalitäten der Transitrouten

Indem folglich den israelischen Sicherheitsinteressen Priorität eingeräumt wird, kann auch denjenigen Palästinensern, die sonst unter die Kategorie der Zugangsberechtigten fallen, die Benutzung der *safe passages* durch Israel verweigert werden. Diese Zugangsberechtigten haben neben den regulären Personalien und Fahrzeugpapieren eine „safe passage card" und – sofern sie die Transitstrecke mit dem eigenen Fahrzeug benutzen – eine „vehicle safe passage permit" mit sich zu führen, die von Israel erstellt und von den *Joint District Coordination Offices* (DCO) für ein Jahr ausgegeben werden.[74] Eine zweite Kategorie wird als „denied entry"-Gruppe bezeichnet, für die besondere Auflagen gelten. Palästinensern dieser Gruppe ist die Benutzung der Transitroute allein in

[71] Vgl. Schmitz, Thorsten, *Israelis und Palästinenser einigen sich auf Transitstrecke: Vereinbarungen über Reiseerleichterungen*, in: SZ, Nr. 231, 6. Oktober 1999.

[72] Annex I, Art. X Abs. 4c IA.

[73] Annex I, Art. IX Abs. 1d IA.

[74] Annex I, Art. X Abs. 2a IA. Durch komplizierte Antragsverfahren, durch restriktive und willkürliche Vergabe der Genehmigungen – auch dies Unterformen der israelischen Abriegelungspolitik – sowie aus der Abschreckung vor dem Antragsprozess allein schon ergeben sich erhebliche Mobilitätsbeschränkung der palästinensischen Bevölkerung. Dies ging aus zahlreichen Gesprächen der Verfasserin mit Palästinensern im Mai 2000 in den Autonomiegebieten hervor. Vgl. auch Schmitz, Thorsten, *Im eskortierten Pendelbus zum Arbeitsplatz in Hebron*, in: SZ, Nr. 195, 25. August 1999.

> „shuttle buses which will be escorted by the Israel Police and which will operate from 7:oo AM to 2:oo PM on two days of every week“

gestattet.[75] Der Antrag hierfür „must be submitted to, and agreed upon in, the relevant DCO" mindestens fünf Tage vor dem geplanten Transit.[76] Mit dieser Formulierung behält sich Israel implizit ein Veto gegenüber den Antragstellern vor. Darüber hinaus werden die Busse verplombt, um ein mögliches Eindringen palästinensischer Terroristen in israelische Siedlungsgebiete zu verhindern.[77] Fahrten auf den *safe passages* dürfen weder unterbrochen – außer in medizinischen und technischen Notfällen – noch über die geschätzte Reisedauer hinaus verzögert werden.[78]

Gegenüber vormaligen Reisemodalitäten bedeutet der Transit via *safe passages* eine signifikante Zeit- und Wegersparnis. Denn Palästinensern ist nun die Möglichkeit gegeben, vom Gazastreifen in die etwa neunzig Kilometer entfernte Westbank nicht mehr tagelang über Ägypten und Jordanien, sondern direkt, in weniger als einer Stunde, zu reisen.[79] Dennoch bleibt der soziale Bereich aufgrund der territorialen Diskontinuität und hierdurch erleichterte Abriegelungsschocks seitens Israels empfindlich irritiert.[80]

---

75 Annex I, Art. X Abs. 2e IA.

76 Annex I, Art. X Abs. 2e IA.

77 Vgl. Schmitz, Thorsten, *Israelis und Palästinenser einigen sich auf Transitstrecke: Vereinbarungen über Reiseerleichterungen*, in: SZ, Nr. 231, 6. Oktober 1999.

78 Annex I, Art. X Abs. 3a IA.

79 Vgl. Schmitz, Thorsten, *Im eskortierten Pendelbus zum Arbeitsplatz in Hebron*, in: SZ, Nr. 195, 25. August 1999.

80 „... freedom of movement is a myth“, so eine Hintergrundreportage in der Zeitschrift 'The Economist'. „It takes longer to get to Gaza than to New York, says a disgruntled West Banker.“ *For Palestine, bring in Solomon: Israel and the Palestinians are getting nowhere in their pursuit of peace*, in: The Economist, 27. Mai 2000, S. 20.

Ökonomische Konsequenzen israelischer Abriegelung

Eklatant wirken diese sich auch auf den ökonomischen Sektor aus. Israel legitimiert seine Abriegelungspolitik vornehmlich unter Hinweis auf Sicherheitsinteressen,[81] denen jedoch – wie sich bisher zeigte – durch diese Praxis nicht Rechnung getragen werden kann. Schockartige Abriegelung der Palästinensergebiete – der Gazastreifen ist gänzlich durchtrennbar [82] – unterbindet nicht nur die Mobilität der palästinensischen Gastarbeiter in Israel (125.000 pro Tag),[83] der Pendler zwischen Gaza und Westbank und den palästinensischen Außenhandel. Sie unterminiert darüber hinaus jegliche Planungssicherheit für ausländische Investoren und somit freilich deren Investitionsbereitschaft.[84]

Dem palästinensischen Gemeinwesen verbleiben durch israelische Abriegelung verheerende wirtschaftliche Konsequenzen, nicht zuletzt ein-

---

81 „Die Schließung der Gebiete wird vorgenommen, um den meisten der fünf Millionen Einwohner Israels, Juden wie Arabern ... ein Gefühl größerer Sicherheit zu geben", erklärte beispielsweise Jitzhak Rabin, seinerzeit israelischer Premierminister, im April 1993 in einer Rede vor der *Knesset*. Zitiert nach Lustick, Ian S., *Zankapfel Jerusalem: Plädoyer für einen neuen Status*, in: Volle, Angelika / Weidenfeld, Werner (Hrsg.), *Frieden im Nahen Osten ? Chancen, Gefahren, Perspektiven*, Bonn 1997, S. 7.

82 Möglich ist diese vollständige Durchtrennung des Gazastreifens aufgrund eines befestigten Kontrollpunktes der Israelis bei Kfar Darom. Vgl. Kocher, Victor, *Einschweben in „Gazustan": Arafats Palästinenserstaat – je greifbarer, desto unwirklicher*, in: NZZ, Nr. 95, 22./23. April 2000.

83 Eine Arbeitserlaubnis für Palästinenser in Israel ist an strenge Auflagen gebunden, wie etwa verheiratet, älter als 30 Jahre, keinerlei bisherige Demonstrationsaktivitäten u.a. Durch die Abriegelung der Palästinensergebiete infolge der Unruhen seit September 2000 war ein drastischer Anstieg der Arbeitslosenzahlen von 11 % im ersten Halbjahr 2000 auf knapp 30 % im zweiten Halbjahr zu verzeichnen. Vgl. *Prekärer Alltag der Palästinenser: die Abriegelung führt zu starkem Wirtschaftsrückgang*, in: NZZ, Nr. 251, 27. Oktober 2000.

84 Vgl. Braun, Heiner, *Protecting Foreign Investments in the Palestinian Autonomous Territories*, in: Shapira, Amos / Tabory, Mala (Hrsg.), *New Political Entities in Public and Private International Law – With Special Reference to the Palestinian Entity*, The Hague u.a. 1999, S. 321 ff.

schneidende finanzielle Verluste, die sich auf täglich 4 Millionen US-Dollar belaufen. Das Jahr 1997 etwa, in dem die Höhe der direkten Verluste für die PA infolge israelischer Abriegelung die Hälfte der internationalen Transferzahlungen betrug, verdeutlicht, in welch hohem Maße diese Politik Israels die Aufbaubemühungen der Geberstaaten konterkariert.[85] Auch der Rückgang des realen Bruttosozialprodukts pro Kopf zwischen 1992 und 1996 um über 36 % sowie in der letzten Konsequenz ebenso der drastische Anstieg der Arbeitslosigkeit in den besetzten Gebieten (in den 80er Jahren noch unter 5 %) auf über 20 % Mitte der 90er Jahre ist weitgehend israelischer Abriegelung zuzurechnen. Untermauert wird diese Argumentation durch eine leichte Erholung der Wirtschaft 1998 / 1999 infolge israelischer Maßnahmen zur Linderung der akuten Folgewirkungen sowie der Einschränkung von Abriegelungspraktiken seit 1997.[86]

Einerseits besserten sich mit der Eröffnung der *safe passages* zwischen Westbank und Gazastreifen die Bedingungen für einen Transit zwar signifikant, andererseits ergeben sich aus der fortbestehenden territorialen Diskontinuität der Autonomiegebiete dennoch vielschichtige eklatante Beeinträchtigungen für den palästinensischen Staatsaufbau.

---

[85] Größter Nettofinanzierer der Palästinenser ist nach der Europäischen Union mit 1 Mrd. DM (1993-1998) übrigens die Bundesrepublik Deutschland. Sie finanziert knapp 30 % der EU-Hilfsprojekte für die Palästinenser und stellte etwa 1998 zusätzlich 110 Mio. DM zur Verfügung. Vgl. Munzinger-Archiv/IH-Länder aktuell, Infobase Land, Land: Palästina, Kapitel: Wirtschaft.

[86] Vgl. *CIA – The World Factbook 2000*, abrufbar unter: http://www.cia.gov/cia/publications/factbook/geos/we.html für die Westbank und http://www.cia.gov/cia/publications/factbook/geos/gz.html für den Gazastreifen. Vgl. auch *Lockerung der Abriegelung*, Hintergrund – Mitteilung der Botschaft des Staates Israel in der Bundesrepublik Deutschland, Bonn 1996, abrufbar unter: http://www.israel.de/botschaft/hintergrund/locker.html.

c. Sicherheitsregelungen für den Luftraum und das Küstengewässer

Die Küstengewässer entlang des Gazastreifens

Ähnlich der Einteilung der Autonomiegebiete in drei Zonen wurde auch das Küstengewässer entlang des Gazastreifens in drei „Maritime Activity Zones K, L and M“ untergliedert.[87] Während Zone K und M „closed areas“ sind, in denen ausschließlich die israelische Marine operieren darf,[88] ist in Zone L Fischfang, Erholung und wirtschaftliche Nutzung durch Palästinenser gestattet – allerdings unter zahlreichen Auflagen. Zu diesen zählen etwa das Mitführen bestimmter Papiere und das Anbringen von „identification markings“, die jeweils die PA ausgibt, das Verbot, Waffen an Bord mitzuführen, bis hin zu detaillierten Vorschriften über die Motorenstärke der Boote, mit denen die Zone L befahren wird.[89]

Israel obliegt zwar die Verantwortung für die Sicherheit in allen drei Zonen; für Zone L wurde jedoch zur Überwachung palästinensischer Boote eine palästinensische Küstenpolizei („Palestinian Coastal Police“, „PCP“) eingerichtet, deren Funktionen sowie die Zahl, Art und Ausstattung der Polizeiboote wiederum detaillierten Vorschriften entsprechen müssen.[90] Insgesamt vereinbarten die israelische und die palästinensische Seite eine enge Koordination und Kooperation in Küstenangelegenheiten, zu denen auch Umweltfragen und Verschmutzung zählen. Hierfür wurde zwischen Booten der palästinensischen Küstenwache und der israelischen Marine eine direkte Funkverbindung aufgebaut („hot line“) sowie ein

---

87 Annex I, Art. XIV Abs. 1 IA.

88 Annex I, Art. XIV Abs. 1a Satz 1c IA.

89 Annex I, Art. XIV Abs. 1b IA.

90 Annex I, Art. XIV Abs. 2 IA. Israelische Raketenangriffe im Oktober 2000 als (Gegen-)Repressalie infolge der Gewaltausbrüche in den Palästinensergebieten und Israel seit Ende September 2000 zerstörten die Küstenwache weitgehend. Vgl. Beyer, Lisa, *Breaking Point: In the blink of an eye, the Holy Land descends from near peace to brutal madness*, in: Time, Vol. 156, No. 17, 23. Oktober 2000, S. 34-39.

Maritime Coordination and Cooperation Center (MC) etabliert.[91] Des weiteren wurde aufgrund der

> „great importance ... for the development of the Palestinian economy, and the expansion of Palestinian trade“ [92]

nach langer Verzögerung ein palästinensischer Hafen in Gaza genehmigt (Gaza-Stadt siehe Abbildung 3), der bereits im Interimsabkommen vorgesehen war.[93] Ursprünglich war der Baubeginn für den Hafen auf Oktober 1999 festgelegt worden,[94] doch kam es zu einer Verzögerung um knapp ein Jahr. Denn erst im September 2000 war ein Vertrag zwischen israelischen und palästinensischen Unterhändlern zustande gekommen, nach dessen Unterzeichnung allerdings unverzüglich mit dem Bau begonnen werden konnte.[95] Bis zur Fertigstellung, die für etwa März 2002 anvisiert ist, erfolgt die Abwicklung betreffend Reisende, Boote, Schiffe und Güter weiterhin über die israelischen Häfen.[96]

Der Luftraum über den Palästinensergebieten

Wie für die palästinensische Seefahrt gilt auch für die Luftfahrt eine enge Kooperations- und Koordinationspflicht mit der israelischen Seite mittels des *Joint Aviation Subcommittee* (JAC).[97] Das JAC überwacht den palästinensischen Luftverkehr und die Nutzung des Luftraumes über den

---

91 Annex I, Art. XIV Abs. 3 IA.

92 Art. III Abs. 4 *Wye River Memorandum.*

93 Annex I, Art. XIV Abs. 4 IA.

94 Art. 6 Abs. a *Sharm ash-Sheikh Memorandum.*

95 Vgl. Szpiro, George, *Bau eines Seehafens im Gazastreifen: Israelisch-palästinensische Einigung*, in: NZZ, Nr. 221, 22. September 2000.

96 Annex I, Art. XIV Abs. 4 IA.

97 Ebenso wie das MC ist das JAC eine Unterabteilung des *Joint Coordination and Cooperation Committee for Mutual Security Purposes* (JSC).

Palästinensergebieten.[98] Für jegliche Aktivitäten der palästinensischen Seite in diesem Bereich ist eine Genehmigung Israels erforderlich.[99] Die palästinensischen Luftfahrzeuge unterliegen, ähnlich wie palästinensische Boote, zahlreichen Auflagen, etwa in Bezug auf die Zahl und Sitzplätze der Maschinen der *Palestinian Airlines* [100] oder das Verbot, Waffen mitzuführen.

Von diesem generellen Waffenverbot ausgenommen ist allerdings der bewaffnete Personenschutz hochrangiger palästinensischer Funktionäre, für den gesonderte Bedingungen gelten.[101] Zu diesen Funktionären zählt freilich auch der *Ra'ees* der *Palestinian Authority*, Jassir Arafat. Nicht nur er selbst, sondern in gleicher Weise seine Familienangehörigen, Leibwächter und VIPs als Begleitpersonen sowie deren Gepäckstücke werden vor dem Flug keiner Sicherheitskontrolle unterzogen.[102]

Abgesehen von dieser Ausnahmeregelung wird generell eine Sicherheitskontrolle nicht im Internationalen Flughafen von Gaza (Abbildung 3, Südspitze des Gazastreifens), sondern im israelischen Landterminal zwischen dem ägyptischen Sinai und dem Gazastreifen vorgenommen, wo eine Einreisebewilligung auf Hebräisch ausgestellt wird.

Von Direktflügen der *Palestinian Airlines* in die Golfstaaten profitieren insbesondere palästinensische Gastarbeiter aufgrund erheblicher Weg-

---

98 Annex I, Art. XIII Abs. 2 IA.

99 Annex I, Art. XIII Abs. 4 IA.

100 Die *Palestinian Airlines* nahm ihre Tätigkeit im Januar 1997 auf, wobei sie anfangs noch von ägyptischen Flughäfen aus operierte. Denn obwohl seit Juni 1996 fertiggestellt, konnte aufgrund israelischer Bedenken der Internationale Flughafen Gaza (Abbildung 3, südliche Spitze) mit seiner 3.100 m langen Landebahn erst im November 1998 in Betrieb genommen werden. Vgl. Munzinger-Archiv/IH-Länder aktuell, Infobase Land, Land: Palästina, Kapitel: Wirtschaft.

101 Annex I, Art. XIII Abs. 7 IA.

102 Annex I, Art. VIII Abs. 11 IA.

und Zeitersparnis verglichen mit vormaligen Zuständen.[103] Für Palästinenser des Westjordanlandes ist der Flugplatz Gaza indes weniger attraktiv. Denn vor Flugantritt muss dort zunächst ein Transit durch israelisches Staatsgebiet in den Gazastreifen unternommen werden, für den, wie oben ausgeführt,[104] zuvor bei den entsprechenden Behörden eine Genehmigung zu beantragen ist. Der Flughafen in der jordanischen Hauptstadt Amman stellt somit für Palästinenser der Westbank eine praktikablere Alternative dar.[105]

D. Der rechtliche Status des palästinensischen Provisoriums

All die Ausführungen überblickend, um schließlich zu einer Definierung des rechtlichen Status des palästinensischen Provisoriums zu gelangen, stößt man auf Widerstände. Denn die *Palestinian Authority* ist in herkömmlichen Termini nicht eindeutig kategorisierbar. Freilich mag die Bezeichnung als ein Gebilde *sui generis* zutreffen, doch birgt sie Substanz nur in unbefriedigendem Maße. Klärung kann hingegen eine Gegenüberstellung mit verschiedenen, nahe gelagerten Begriffen bringen. Um die Rechtsnatur der palästinensischen Selbstregierung herauszukristallisieren, wird im folgenden der Begriff ‚Selbstverwaltung' und die PLO als Kontrastierung gewählt und der Status ‚Palestine's' bei den Vereinten Nationen untersucht, der eine Besonderheit darstellt.

---

103 Ein erster europäisch-palästinensischer Linienflug erfolgte im Frühjahr 2000. Vgl. Kocher, Victor, *Einschweben in „Gazustan": Arafats Palästinenserstaat – je greifbarer, desto unwirklicher*, in: NZZ, Nr. 95, 22./23. April 2000.

104 Siehe vorangegangener Punkt c. „*Safe passages* und israelische Abriegelungspolitik".

105 Vgl. Munzinger-Archiv/IH-Länder aktuell, Infobase Land, Land: Palästina, Kapitel: Wirtschaft.

a. Selbstregierung in Abgrenzung zu Selbstverwaltung

Verdeutlichen lässt sich das Wesen der palästinensischen Selbstregierung beispielsweise in Abgrenzung zu bloßer Selbstverwaltung, von der sie in entscheidenden Punkten differenzierbar ist.[106] Zunächst leitet sich die Interimsregierung aus dem Recht des palästinensischen Volkes auf nationale Unabhängigkeit und somit aus dem Völkerrecht ab,[107] nicht wie die Selbstverwaltung aus innerstaatlichem Recht. Eine Vorraussetzung für die Interimsregierung im Westjordanland und dem Gazastreifen ist, dass die Palästinenser Träger der territorialen Souveränität sind, woraus sich ihr Recht auf Ausübung der Gebietshoheit ableitet. Das Verhältnis von territorialer Souveränität und Gebietshoheit lässt sich etwa mit der Unterscheidung von Eigentum und Besitz veranschaulichen.[108] Mit der israelischen Besetzung von 1967 gingen zwar das Westjordanland, Ostjerusalem und der Gazastreifen in israelischen Besitz und somit die Gebietshoheit auf die israelische Militärverwaltung über, nicht aber die territoriale Souveränität. Es handelt sich demzufolge um eine *de facto*, nicht um eine *de iure* Gewalt.[109]

Während die Selbstverwaltungsbehörde zur Entlastung des Staates und nicht auf eine Loslösung aus diesem angelegt ist, dient die palästinensische Selbstregierung als Vorstufe, als Instrument zur Erreichung der nationalen Unabhängigkeit. Ohne Einwilligung der Palästinenser kann

---

106 Geboten scheint diese begriffliche Klärung insbesondere vor dem Hintergrund der Berichterstattung in den Medien, die durch parallele Verwendung der Begriffe zu Verwirrung führen kann.

107 Siehe hierzu oben, Kapitel 1, Punkt A. „Das Recht des palästinensischen Volkes auf Selbstbestimmung".

108 Zur Unterscheidung von territorialer Souveränität und Gebietshoheit vgl. Küng, Manfred / Eckert, Martin K., *Repetitorium zum Völkerrecht*, Bern u.a. 1993, S. 126 f.

109 Vgl. Lapidoth, Ruth, *Autonomy and Sovereignty – Are They Mutually Exclusive?*, in: Shapira, Amos / Tabory, Mala (Hrsg.), *New Political Entities in Public and Private International Law – With Special Reference to the Palestinian Entity*, The Hague u.a. 1999, S. 10 f.

dieser vorstaatliche Entwicklungsstand nicht als Endstatus festgesetzt werden. Die Erreichung des höheren Status bedingt jedoch einen Verzicht auf Gebietshoheit seitens der israelischen Verwaltungsmacht, die gleichzeitig dazu verpflichtet ist, die graduelle Selbständigkeit des palästinensischen Gebildes zu fördern.[110]

Eine Qualifizierung der Interimsregierung als bloße Selbstverwaltung greift folglich zu kurz. Dennoch muss die palästinensische Autonomie als Abhängigkeitsverhältnis gegenüber Israel definiert werden, das nicht nur die äußere, sondern auch eine uneingeschränkte innere Selbstbestimmung verwehrt.[111]

b. *Palestinian Authority* versus PLO

Als einem weiteren Kontrastierungspunkt soll die *Palestinian Authority* der PLO gegenübergestellt werden. Während die PA die Palästinenser in der Westbank und dem Gazastreifen (etwa 3 Millionen) während der Interimsphase vertritt, ist allein die PLO nach wie vor Repräsentantin aller Palästinenser weltweit (etwa 8,5 Millionen).[112] Nicht die PA, sondern ausschließlich die PLO ist berechtigt zu – allerdings entscheidend beschränkten – Außenbeziehungen, die wiederum nicht verstanden werden dürfen als durch die PLO in Vertretung des Palästinensischen Rats aufgenommen, sondern lediglich für dessen effektives Funk-

---

110 Vgl. Giegerich, Thomas, *The Palestinian Autonomy and International Human Rights Law: Perspectives on an Ongoing Process of Nation-Building*, in: Shapira, Amos / Tabory, Mala (Hrsg.), *New Political Entities in Public and Private International Law – With Special Reference to the Palestinian Entity*, The Hague u.a. 1999, S. 218.

111 Zum Ganzen vgl. Ibrahim, Waleed, *Die palästinensische Selbstregierung nach dem internationalen Gaza-Jericho-Abkommen vom 13. September 1993: Eine völkerrechtliche Studie*, Frankfurt a. M. u.a. 1998, Kapitel 2, besonders S. 71 ff. und zur Souveränitätsfrage S. 89 ff.

112 Vgl. Asseburg, Muriel, *Palästina auf dem Weg zum Staat: Determinanten, Entwicklungen, Szenarien*, Ebenhausen bei München 1999, S. 120.

tionieren („for the benefit of the Council“).[113] Wenn folglich Arafat auf internationaler Ebene agiert, dann nicht in seiner Funktion als *Ra'ees* der *Palestinian Authority*, sondern kraft seines Amtes als PLO-Vorsitzender.[114]

Dementsprechend reduziert ist die Rolle des *Council* in den Verhandlungen über den Endstatus des palästinensischen Gemeinwesens. Aufgrund seiner Bedeutung, erwachsend aus der demokratischen Legitimation und Repräsentation von knapp drei Millionen Palästinensern der Autonomiegebiete, bemüht sich der *Council* freilich um Einflussnahme auf die Endstatusverhandlungen. Dennoch fällt ihm in diesem Bereich kein formelles Gewicht zu, denn offizieller Verhandlungspartner Israels ist die PLO.[115]

In Gegenüberstellung von PA und PLO wird deutlich, dass die PLO, obwohl sie keine Institution der palästinensischen Selbstregierung darstellt, im Autonomieprozess eine Schlüsselfunktion übernimmt. Denn die PLO besitzt weiterhin als einzige palästinensische Körperschaft partielle Völkerrechtssubjektivität.[116]

---

113 Art. IX Abs. 5 b. IA. Siehe hierzu oben, Kapitel 2, Punkt A. b. „Souveränitätsbeschränkungen“.

114 Das Vermengen der Begrifflichkeiten durch Häufung der Schlüsselämter auf Arafat kann der palästinensischen Staatswerdung indes zum Vorteil gereichen, etwa wenn die Medien ihn bei außenpolitischem Handeln als „Palästinenserpräsident“ bezeichnen und somit die internationale Wahrnehmung implizit in Richtung „Palästinenserstaat“ kanalisieren.

115 Vgl. Abu Amr, Ziad, *The Palestinian Legislative Council*, in: Abdul Hadi, Mahdi (Hrsg.), *Dialogue on Palestinian State-Building and Identity*, Jerusalem 1999, S. 29.

116 Vgl. Giegerich, Thomas, *The Palestinian Autonomy and International Human Rights Law: Perspectives on an Ongoing Process of Nation-Building*, in: Shapira, Amos / Tabory, Mala (Hrsg.), *New Political Entities in Public and Private International Law – With Special Reference to the Palestinian Entity*, The Hague u.a. 1999, S. 215 und 218. Zur Völkerrechtssubjektivität der PLO siehe auch oben, Kapitel 1, Punkt C. c. „Osloer Verträge und deren völkerrechtliche Natur“.

c. Sonderstatus von ‚Palestine' bei den Vereinten Nationen

Wird der Status der palästinensischen Vertretung bei den Vereinten Nationen untersucht, so stellt sich heraus, dass hier ein bislang einzigartiger Sonderstatus vorliegt. In ihrer Resolution 52/250 räumte die UN-Generalversammlung 1998 über die bisherigen Rechte als Ständiger Beobachter hinaus „additional rights and privileges of participation of Palestine" ein,[117] die bislang ausschließlich UN-Mitgliedstaaten vorbehalten waren. Hierzu zählen etwa das Recht, an der Generaldebatte zu Beginn jeder Sitzungsperiode der UN-Vollversammlung teilzunehmen und Tagesordungspunkte zu erheben. Des weiteren wurden der palästinensischen Vertretung sechs Sitze zugestanden, während Beobachtern für gewöhnlich zwei Sitze zugeteilt werden. Seit November 1998 wird 'Palestine' [118] bei den Vereinten Nationen nicht mehr in die Rubrik ‚Organizations' kategorisiert, sondern in

> „Entities ... having received a standing invitation to participate as observers in the sessions and the work of the General Assembly and maintaining permanent offices at Headquarters".[119]

---

117 GA-Res. 52/250 vom 7. Juli 1998: „Participation of Palestine in the work of the United Nations"; abrufbar unter: http://www.palestine-un.org/res/2_250.html.

118 Die Bezeichnung ‚PLO' für die palästinensische UN-Delegation hatte die UN-Generalversammlung in Resolution 43/177 vom 15. Dezember 1988 in ‚Palestine' geändert. Im Übrigen war hiermit allerdings keine Aufwertung verbunden, weshalb dies nicht einer Anerkennung als Staat, sondern eher einem symbolischen Akt gleichkommt. Vgl. Asseburg, Muriel, *Palästina auf dem Weg zum Staat: Determinanten, Entwicklungen, Szenarien*, Ebenhausen bei München 1999, S. 15. Vgl. auch Baumgarten, Helga, *Palästina: Befreiung in den Staat. Die palästinensische Nationalbewegung seit 1948*, Frankfurt 1991, S. 305 ff.

119 Zitiert nach der Website der Vereinten Nationen: http://www.un.org/Overview/missions.htm#iga.

Die vormalige Bezeichnung 'office' wich der heutigen ,mission' und in Verbindung mit dem Ständigen Beobachter ,Palestine's' wird mitunter die Bezeichnung ,ambassador' verwendet.[120]

Das Jahr 1998 brachte unbestritten eine signifikante Aufwertung der palästinensischen Vertretung bei der Staatengemeinschaft mit sich, dennoch handelt es sich bisher nicht um eine UN-Mitgliedschaft als Staat. Besonders im Vorfeld des UN-Millenniums-Gipfels im September 2000 hatten sich palästinensische Hoffnungen auf eine Aufwertung bei den Vereinten Nationen gemehrt, um an diesem Gipfel schließlich als Vollmitglied teilnehmen zu können und somit einen Neubeginn für den Nahen Osten herbeizuführen.[121] Erfüllt wurden diese Aspirationen indes nicht.

Abschließend lässt sich der rechtliche Status des palästinensischen Provisoriums wie folgt zusammenfassen: Wenngleich auf völkerrechtlicher Basis geschaffen, besitzt die *Palestinian Authority* keine Völkerrechtssubjektivität. Über bloße innerstaatliche Selbstverwaltung greift sie dennoch deutlich hinaus, übt sogar wesentlich mehr Staatsfunktionen aus als manch andere, anerkannte Staaten oder Entwicklungsländer.[122]

E. Fazit: Das palästinensische Provisorium – ein staatliches Gebilde ?

Der Autonomieprozess in den Palästinensergebieten hat das völkerrechtlich verbriefte Recht des palästinensischen Volkes auf Selbstbestimmung partiell in einem autonomen Gemeinwesen verwirklicht und hiermit einen möglichen Palästinenserstaat Konturen annehmen lassen. Welche Krite-

---

120 Vgl. http://www.palestine-un.org/missions/status.html und http://www.pna.net/government/index.htm.

121 Zur Diskussion diesbezüglich vgl. *UN-Press Release*, GA/PAL/843, 21. Juli 2000, unter: http://www.un.org.

122 Vgl. Asseburg, Muriel, *Palästina auf dem Weg zum Staat: Determinanten, Entwicklungen, Szenarien*, Ebenhausen bei München 1999, S. 17.

rien von Staatlichkeit erfüllt nun das palästinensische Provisorium und welche Defizite sind noch zu verzeichnen ? Legen wir zur Beantwortung dieser Frage die Norm der Völkerrechtstheorie, in der sich die Drei-Elemente-Lehre durchgesetzt hat, an das palästinensische Gemeinwesen an.

Staatsvolk und Staatsgebiet

Eine dauerhaft ansässige Bevölkerung ist gegeben, nämlich Palästinenser, die im Bevölkerungsregister als permanente Wohnbevölkerung in den Autonomiegebieten registriert sind. Ein Territorium ist ebenfalls vorhanden, die palästinensischen Autonomiegebiete, doch sind dessen Grenzen nicht klar definierbar, da der israelische Truppenrückzug noch nicht abgeschlossen ist. So beherrscht die palästinensische Interimsregierung zwar bereits den Kern des möglichen späteren Staatsgebiets, dieser wiederum ist in sich hoch fragmentiert. Unerheblich ist, dass sich die Einwohnerzahl auf lediglich drei Millionen Menschen beläuft und die Autonomiegebiete eine geringe Größe aufweisen.[123] Denn Umfang des Territoriums und der Bevölkerung sind keine entscheidenden Kriterien für die Qualifizierung eines Gebildes als Staat.[124]

Staatsgewalt

Dieser im Wege stehen vielmehr die signifikanten Souveränitätsbeschränkungen der palästinensischen Selbstregierung. Sie sind unproblematisch, insofern sie den Bereich Verteidigung betreffen, denn Wehrhaftigkeit wird nicht als unverzichtbares Staatlichkeitskriterium erhoben.

---

[123] Die Westbank einschließlich Ostjerusalem umfasst 5.800 km² und der Gazastreifen 363 km². Vgl. Bundesministerium für wirtschaftliche Zusammenarbeit und Entwicklung (Hrsg.), *Palästinensische Gebiete: Länderbericht*, Bonn, 1998, Länderdatenblatt.

[124] So gelten auch Mikrogebilde wie etwa die Seychellen (59.000 Einwohner) als Staat, besitzen Völkerrechtssubjektivität und die Mitgliedschaft in den Vereinten Nationen als Staat steht ihnen offen. Vgl. Seidl-Hohenveldern, Ignaz, *Völkerrecht*, Köln u.a. 1997, S. 156 Rz. 627.

Ausschlaggebend sind hingegen die Einschränkungen im Bereich Äußeres. Indem der palästinensischen Interimsregierung in Außenbeziehungen keinerlei Kompetenzen zugestanden wurden, weist sie ein bedeutendes Staatselement nicht auf. Laut Art. 1 der Montevideo-Konvention vom 26. Dezember 1933 fügt sich nämlich „the capacity to enter into relations with other States" zu den drei schon genannten Kriterien hinzu.[125] Obwohl die palästinensische Interimsregierung dieses Kriterium im strengen Sinne nicht erfüllt ist, wird es doch umgangen durch den *Ra'ees* und PLO-Vorsitzenden, Jassir Arafat, der rege Außenbeziehungen pflegt, mehr als manche anderen Dritte-Welt-Länder. Die *Palestinian Authority* ist folglich ein zwar unzweifelhaft politischer Akteur, aber immer noch ein *nicht*-staatliches Gebilde.

Fraglich ist überdies, ob das palästinensische Gemeinwesen dem völkerrechtlichen Anspruch auf Dauerhaftigkeit, die ein Staat aufweisen muss,[126] gerecht werden kann. Denn zum gegenwärtigen Zeitpunkt kennzeichnet das palästinensische Provisorium eine eklatante ökonomische Schwäche und Abhängigkeit, es ist territorial fragmentiert und infolgedessen von Israel paralysierbar durch unvermutete Abriegelung nicht nur nach außen, sondern auch im Inneren.

Es zeigt sich demnach, dass durch den Autonomieprozess die palästinensische Staatswerdung zweifellos kräftig angeschoben worden ist. Um das palästinensische Gemeinwesen als Staat zu titulieren, bedarf es indes noch der Lösung zahlreicher, aufgrund ihrer hohen Brisanz weiterhin fortbestehender Kernprobleme. Deren Lösung und somit die Einigung auf einen endgültigen Friedensvertrag zwischen Israel und den Palästinensern könnte palästinensische Eigenstaatlichkeit verbriefen. Um welche Problemkomplexe handelt es sich hierbei ? Welche Ansprüche prallen aufeinander und welche Lösungsoptionen werden diskutiert ? Diese Fragen soll nun das letzte Kapitel klären.

---

125 Vgl. Kimminich, Otto / Hobe, Stephan, *Einführung in das Völkerrecht*, Tübingen/ Basel 2000, S. 74 ff.

126 Vgl. Seidl-Hohenveldern, Ignaz, *Völkerrecht*, Köln u.a. 1997, S. 155 f. Rz. 622 ff.

„Es genügt nicht,
das Bestehende darzustellen,
notwendig ist es,
an das Erwünschte und
an das Mögliche zu denken.“ [1]

KAPITEL III : UNGELÖSTE KERNPROBLEME FÜR DEN ENDSTATUS DES PALÄSTINENSISCHEN GEMEINWESENS

Mehrfach hatten Israel und die PLO eine Frist zur Aushandlung des endgültigen Status des palästinensischen Gemeinwesens anberaumt – immerzu verstrich sie, ohne dass das erstrebte Vertragswerk zur Unterzeichnung vorgelegen hätte. Aufgrund von längeren Verhandlungspausen oder abruptem Abbruch, etwa weil eine der Parteien den Verhandlungstisch verlassen hatte, war nicht, wie vertraglich vereinbart,[2] bis Mai 1999 eine Einigung über den Endstatus zustande gekommen. Wieder und wieder wurde die Interimsphase verlängert und die von palästinensischer Seite angekündigte Proklamation eines unabhängigen souveränen Palästinenserstaates zunächst bis Februar 2000, daraufhin bis Mai, Juni, September und schließlich November 2000 hinausgezögert. Warum konnte selbst nach all diesen Verlängerungen und der somit zusätzlichen Zeit für Verhandlungen, Annäherung und Vertrauensbildung kein Endstatusvertrag ausgearbeitet werden ?

Es war schlichtweg nicht gelungen, noch ungelöste Kernprobleme zu bewältigen, die für Palästinenser wie auch Israelis emotional und religiös außerordentlich stark geladen und somit von einer empfindlichen Brisanz sind, die bisher eine umfassende Lösung der Palästina-Frage stets zu verhindern wusste: die Zukunft der palästinensischen Flüchtlinge und der jüdischen Siedlungen, die Grenzen und Wasserressourcen eines künftigen

---

1 Maxim Gorki, zitiert nach Baumgarten, Helga, *Palästina: Befreiung in den Staat. Die palästinensische Nationalbewegung seit 1948*, Frankfurt 1991, S. 9.

2 Art. V DOP.

Palästinenserstaates sowie der Status Jerusalems. Warum gelang es über die Jahre des Friedensprozesses seit 1991 selbst im Zuge von konzentriertester Verhandlungs- und Vermittlungstätigkeit nicht, einen Konsens in diesen Kernproblemen zu erzielen ? In welchen historischen, religiösen und emotionalen Tiefen wurzelt die Konfrontation ? Wie sind die Aspirationen und Ansprüche von Israelis und Palästinensern auf diesen Feldern völkerrechtlich zu bewerten ?

Dieses letzte und umfassendste Kapitel wird zunächst jeweils Ursachen und Wurzeln der Kernprobleme herausarbeiten, denn der historische Kontext dient als eine Hilfestellung zur Interpretation der Verhärtung in den Verhandlungspositionen. Des weiteren werden palästinensische und israelische Aspirationen und Forderungen dargestellt und untersucht, wie das Völkerrecht diese bewertet. Mit Lösungsoptionen zu den noch ungelösten Kernfragen für den Endstatus des palästinensischen Gemeinwesens wird sodann die Untersuchung abgerundet.

A. Die palästinensischen Flüchtlinge

Die Problematik der palästinensischen Flüchtlinge im Nahen Osten reicht bis in die Zeit der israelischen Staatsgründung und des ersten arabisch-israelischen Krieges zurück. Bereits 1947, also schon vor offiziellem Beginn des Unabhängigkeitskrieges, hatten sich die – während der Mandatszeit (1917-1947) noch vereinzelten – Terrorakte jüdischer Untergrundorganisationen (Ezel, Lechi, Hagana) [3] zu einem Terrorkrieg gegen die arabische Bevölkerung ausgewachsen. Zur nationalen Homogenisierung, aber auch aus strategischen Gründen sollte diese aus dem Territorium, das gemäß UN-Teilungsbeschluss für den jüdischen Staat vorge-

[3] Aus der Hagana ging nach der Staatsproklamation Israels die Zahal (Verteidigungsstreitkräfte Israels / Israel Defense Forces / IDF) hervor. Vgl. Wolffsohn, Michael, *Die ungeliebten Juden: Israel – Legenden und Geschichte*, München/Zürich 1998, S. 29.

sehen war (Abbildung 1), vertrieben werden.[4] Physischen Terror (Brandstiftung, Sprengungen, Morde) [5] kombinierten die Untergrundorganisationen mit psychischem in Form von Abschreckungspropaganda. Der dadurch forcierte, panische Exodus wurde noch verstärkt durch Appelle seitens arabischer Wortführer, die die palästinensischen Araber aufriefen, ihr Leben zu retten.

Diese Appelle sind Grundlage divergierender Interpretationen der Fluchtmotive. Nach israelischer Auslegung handle es sich nicht um Vertreibung, sondern um Flucht – ein weniger negativ konnotierter Begriff –, die von arabischen Führern als Teil der militärischen Strategie organisiert worden sei. Von Seiten der Vereinten Nationen wurde diese Interpretation hingegen infolge von Untersuchungen widerlegt.[6] So wird in diesem Kontext punktuell durchaus von ‚ethnischer Säuberung' gesprochen werden, untermauert durch die Zahlen, die ausweisen, dass seinerzeit 750.000 Menschen und somit mehr als die Hälfte der arabischen Bewoh-

---

4 Vgl. hierzu Ben Gurions Rede vor der *Mapai* vom 3. Dezember 1947, zitiert in: Morris, Benny, *The birth of the Palestinian refugee problem, 1947 – 1949*, Cambridge 1987, S. 28.
Benny Morris zählt – wie auch Ilan Pappe, der in dieser Untersuchung ebenfalls zitiert ist – zu den sogenannten 'Neuen Historikern' in Israel, die sich dadurch auszeichnen, unter Zugriff auf bislang unzugängliche historische Dokumente in ernüchterter Weise, ungeschönt und selbstkritisch die israelische Geschichte zu beleuchten. "Entsprechend anerkennen sie eine Schuld Israels an der Schaffung des Flüchtlingsproblems in Palästina, an Massakern und an der Unterdrückung des Selbstbestimmungsrechts der Palästinenser." Kocher, Victor, *Selbstkritik als Weg zum Nahostfrieden*, in: NZZ, Nr. 277, 27. November 2000.

5 Als eindrücklichstes Beispiel sei hier das Massaker von Deir Yassin genannt, ein arabisches Dorf in der Nähe Jerusalems, in dem etwa 250 Araber ermordet wurden. Vgl. Morris, Benny, *The birth of the Palestinian refugee problem, 1947 - 1949*, Cambridge 1987, S. 113.

6 Vgl. Quigley, John, *Displaced Palestinians and a Right of Return*, in: Harvard International Law Journal, Volume 39, No. 1 / 1998, S. 182 ff.

ner Palästinas zu Flüchtlingen wurden.[7] Diese tiefe Zäsur perzipieren die Araber als Katastrophe, arabisch *an nakba.*[8]

Nochmals verstärkt wurde die Flüchtlingsproblematik im Umfeld des Sechstagekrieges 1967, als es zu einer weiteren Vertreibung von 350.000 Palästinensern – einem Viertel der damaligen Bevölkerung in Westbank und Gazastreifen – kam, für die seitens Israel zu ähnlichen Praktiken wie 1947 / 1948 gegriffen worden war. Teilweise ließ der Sechstagekrieg Palästinenser bereits zum zweiten Mal zu Vertriebenen werden.[9]

Heute befinden sich in Ländern des Nahen Ostens insgesamt 3,6 Millionen palästinensische Flüchtlinge, von denen ein Drittel (1,2 Millionen) immer noch in Flüchtlingslagern (Abbildung 6 und Graphik IV) lebt. Aus den einstigen provisorischen Zeltstädten wurden derweil Ghettos aus halbbefestigten Unterkünften, die sich teils innerhalb und teils am Rand von Städten befinden.[10] Mehr als die Hälfte der Lager (32

---

7 Je nach Definition der Palästina-Vertriebenen und daraus resultierender Berechnungsmethode differieren die Zahlenangaben zwischen 520.000 (israelische Angaben) und 900.000 (palästinensische Angaben). Die Zahl 750.000 ist die der Vereinten Nationen. Eine komparative Aufstellung der verschiedenen Werte vgl. PLO – Department of Refugee Affairs (Hrsg.), *The Palestinian Refugees 1948-2000: Factfile*, Jerusalem/Ramallah 2000, S. 6.

8 Jedes Jahr am 15. Mai, dem Tag der Proklamation des Staates Israel, gedenken die Palästinenser, die diesen Tag ‚*Nakba*-Day' nennen, dieser Flucht und Vertreibung. Dabei kommt es mitunter zu gravierenden Ausschreitungen zwischen Israelis und Palästinensern, wie etwa in besonderer Schärfe im Mai 2000, als Hunderte palästinensischer Verletzter und sogar einige Tote zu beklagen waren.
Vgl. Ha'aretz Vol. 78, 16. Mai 2000 und The Jerusalem Times, Vol. VII No. 328, 19. Mai 2000. Einen persönlichen Einblick in die *nakba* vermittelt eine Sammlung persönlicher Reflexionen, von Zeitzeugen anlässlich des 50. Jahrestages verfasst, in: J.P.S. XXVIII, no. 1 (Winter 1998), S. 5 ff.

9 Vgl. Qigley, John, *Displaced Palestinians and a Right of Return*, in: Harvard International Law Journal, Volume 39, No. 1 / 1998, S. 181 f.

10 Vgl. Rößler, Hans-Christian, *Vielen Palästinensern im Flüchtlingslager hilft nur die Flucht in die Vergangenheit – und das seit 52 Jahren*, in: FAZ, Nr. 181, 7. August 2000.

von 59) ist nahezu gleichmäßig verteilt auf Jordanien (10), Libanon (12) und Syrien (10). In diesen Staaten befinden sich 62 % der palästinensischen Flüchtlinge, die Mehrheit lebt demzufolge in der Diaspora. In den Palästinensergebieten selbst befinden sich die restlichen 27 Lager, die 38 % der Flüchtlinge umfassen. Während in Jordanien die geringste Zahl von Flüchtlingen in Lagern zu verzeichnen ist (18 % der palästinensischen Flüchtlinge in Jordanien insgesamt), verweilen in der Westbank und in Syrien über ein Viertel der Flüchtlinge noch immer in Lagern. Am negativsten stellt sich die Situation im Gazastreifen und im Libanon dar, wo mehr als die Hälfte der Flüchtlinge in Lagern einer Lösung harrt.

Für das Werden eines Palästinenserstaates ist der Status der palästinensischen Flüchtlinge nicht zuletzt deshalb bedeutsam, weil entschieden werden muss, ob ihnen ein Rückkehrrecht auf das Territorium des entstehenden Staates eingeräumt werden kann und sollte, oder ob nicht – vor dem Hintergrund der unnachgiebigen israelischen Verhandlungsposition und den noch schwachen ökonomischen Strukturen des palästinensischen Gemeinwesens – aus einem rationalen Argumentationsansatz heraus Alternativen zu einer umfassenden Rückkehr von Diaspora-Flüchtlingen zu erwägen sind.

a. UN-Flüchtlingshilfe und die Definitionsproblematik

UNRWA

Eine Dreiviertelmillion palästinensischer Flüchtlinge infolge des ersten israelisch-arabischen Krieges 1948 veranlasste die UN-Generalversammlung, am 8. Dezember 1949 mit ihrer Resolution 302 (IV) die *United Nations Relief and Works Agency for Palestine Refugees in the Near East* (UNRWA) ins Leben zu rufen.[11] Die UNRWA war seinerzeit eine der ersten humanitären Unternehmungen der Vereinten Nationen und ist bis heute die einzige, deren Hilfsmaßnahmen an eine einzelne Volksgruppe adressiert sind, und diejenige mit der längsten Laufzeit geblieben. Denn

---

11 GA-Res. 302 (IV) vom 8. Dezember 1949, abgedruckt in: Takkenberg, Lex, *The Status of Palestinian Refugees in International Law*, Oxford 1998, S. 362 ff.

im Verlauf der 50 Jahre ihres Bestehens konnte in der Frage der Palästinaflüchtlinge keine Einigung, noch eine sonstige Lösung erzielt werden, die das Mandat der UNRWA hätte beenden können. Vielmehr wurde es wiederholt verlängert, zuletzt bis zum Jahr 2002, und erstreckt sich heute über die von ursprünglich 750.000 auf inzwischen über 3,6 Millionen angewachsenen palästinensischen Flüchtlinge im Nahen Osten.

Die Hilfsprogramme des Flüchtlingswerks reichen von 650 Schulen mit 450.000 Schülern, 122 Gesundheitszentren mit jährlich etwa sieben Millionen Patienten bis hin zu Schutzmaßnahmen für die kulturelle Identität der Palästinenser oder Toleranz- und Konfliktlösungsprogrammen. Hierdurch und in gleicher Weise, indem mit 22.000 Beschäftigten vor Ort („area staff"), die nahezu ausschließlich palästinensische Flüchtlinge selbst sind, die UNWRA einer der bedeutendsten Arbeitgeber der Region ist, wird ein effektiver Beitrag zur Stabilisierung der Region geleistet. Weniger Anlass zu Zufriedenheit herrscht hingegen innerhalb des Hilfswerks bezüglich seiner Haushaltslage, die gegenwärtig einem „state of financial strangulation" gleicht.[12] Denn die UNRWA ist weitgehend auf freiwillige Spenden zumeist von Regierungen und Internationalen Organisationen angewiesen, wobei die USA und die EU als Gemeinschaft sowie ihre Mitgliedstaaten im einzelnen zu den Hauptgebern zählen.[13]

Wer ist palästinensischer Flüchtling ?

Die Selbstverständlichkeit, mit der die Bezeichnung ‚Flüchtlinge' im Zusammenhang mit palästinensischen Vertriebenen verwendet wird, täuscht leicht darüber hinweg, dass sich auf internationaler Ebene bis heute keine einheitliche Definition des Begriffes ‚palästinensischer

---

12 Vgl. *UN Press Release*, SG/SM/7252 PAL/877, 8. Dezember 1999, unter: http://www.un.org.

13 Vgl. *UNRWA Press Release*, PAL/1875, 8. Dezember 1999, New York, und *UN Press Release*, SG/SM/7252 PAL/877, 8. Dezember 1999, beide unter: http://www.un.org.

Flüchtling' etabliert hat.[14] Eindeutiger Termini bedarf es allerdings, um sogleich auch deren – beispielsweise zahlenmäßige – Dimension erfassen zu können. Wer zählt nun zu dem Personenkreis der palästinensischen Flüchtlinge ? Artikel 1 der Internationalen Flüchtlingskonvention vom 28. Juli 1951 definiert denjenigen als Flüchtling, der

> „owing to well-founded fear of being persecuted for reasons of race, religion, nationality, membership of a particular group or political opinion, is outside the country of his nationality and is unable or, owing to such fear, is unwilling to avail himself of the protection of that country; or who, not having a nationality and being outside the country of his formal habitual residence ... is unable or, owing to such fear, is unwilling to return to it." [15]

Aufgrund der Registrierung von Palästina-Flüchtlingen durch die UNRWA fallen eben diese allerdings nicht mehr unter den Anwendungsbereich der Genfer Flüchtlingskonvention. Denn weiter schreibt Artikel 1 vor, dass

> „This Convention shall not apply to persons who are at present receiving from organs or agencies of the United Nations other than the United Nations High Commissioner for Refugees protection and assistance." [16]

Aus operativen Gründen und ausschließlich aus Zweckmäßigkeit erließ die UNRWA eine Definition, die sie bis heute verwendet; der gemäß ist ein palästinensischer Flüchtling

---

[14] Vgl. Takkenberg, Lex, *The Status of Palestinian Refugees in International Law*, Oxford 1998, S. 49 ff.

[15] Art. 1 A der Internationalen Flüchtlingskonvention vom 28. Juli 1951, abgedruckt in: Sartorius, Band II, *Internationale Verträge – Europarecht*, Stand: 15. Januar 2000, München 2000, 28. und abrufbar auf der Website des UNHCR, unter: http://www.unhcr.ch/refworld/refworld/legal/instrume/asylum/1951eng.htm.

[16] Art. 1 D der Internationalen Flüchtlingskonvention vom 28. Juli 1951.

> „Any person whose normal place of residence was Palestine during the period 1 June 1946 to 15 May 1948 and who lost both home and means of livelihood as a result of the 1948 conflict." [17]

Augenfällig ist, dass in dieser Formulierung die Vertriebenen im Umfeld des Sechstagekrieges von 1967 in keiner Weise genannt sind. Miteingeschlossen waren „All the 1967 and post-1967 displaced persons" freilich in der Begriffsbestimmung des Leiters der palästinensischen Seite der jordanisch-palästinensischen Delegation während des Madrider Friedensprozesses.[18] Wiederum ausgeschlossen ist diese Gruppe von Flüchtlingen in der PLO-Definition während der Endstatusverhandlungen, seitdem infolge der Osloer Abkommen die Frage der 1967 Vertriebenen durch ein separates Komitee erörtert wird:

> "The Palestinian Refugee is:
>
> 1. Any person...
>
> ii. whose normal place of residence in Palestine was in areas that came under the control of the State of Israel between 15 May 1948 and 20 July 1949; ...
>
> v. who at any time between 29 November 1947 and 20 July 1949 lost his means of livelihood as a result of the war or due to the procedures or practices of the Israeli authorities, be he/she:
>
> - an inhabitant of the 'frontier villages' in the West Bank who lost access to the agricultural lands he/she habitually cultivated thereafter in Israeli-controlled areas;
>
> - an inhabitant of the West Bank or the Gaza Strip who lost his job in Israeli-controlled areas;
>
> - a member of nomadic or semi-nomadic tribes who was unable to enter territories in which he/she habitually grazed his flock and traded thereafter under Israeli control.

---

17 Zitiert nach: Palestine Liberation Organization – Department of Refugee Affairs (Hrsg.), *The Palestinian Refugees 1948-2000: Factfile*, Jerusalem/Ramallah 2000, S. 2.

18 Definition von Mai 1992, abgedruckt aaO, S. 3. Zur jordanisch-palästinensischen Delegation in den Madrider Verhandlungen siehe oben, Kapitel 1, Punkt C. a. „Madrider Friedensgespräche und Osloer Geheimverhandlungen".

2. The descendants and spouses of a Palestinian refugee according to the above-mentioned definition whether or not the latter is still alive." [19]

Indem somit als palästinensische Flüchtlinge auch die heutigen israelischen Araber gelten, oder Palästinenser, die sich außerhalb des ehemaligen Mandatsgebiets Palästina aufgehalten hatten und an einer Rückkehr seitens Israels gehindert werden, oder die ihre landwirtschaftliche Nutzungsfläche oder ihren Arbeitsplatz in israelisch kontrollierten Gebieten verloren haben, greift die PLO-Formulierung deutlich über die der UNWRA hinaus.

b. Das Recht des palästinensischen Volkes auf die Heimat

Schon als das Problem der Palästina-Vertriebenen entstand, im Umfeld der Staatsgründung Israels 1948, ermahnte die UN-Generalversammlung in ihrer Resolution 194 (III) die verantwortlichen Regierungen und Behörden, den Flüchtlingen die Möglichkeit „to return to their homes ... at the earliest practicable date" einzuräumen und Entschädigung für Verlust und Zerstörung von Vermögenswerten bzw. für diejenigen zu zahlen, die nicht rückkehrwillig sind.[20] Von Israel waren jedoch keine Schritte zu Kompensationszahlungen oder Repatriierung der Vertriebenen unternommen worden, im Gegenteil ein Rückkehrrecht von Palästinensern konsequent verweigert worden.[21] Da die internationale Staatengemeinschaft diesen gewaltsam entstandenen Zustand nicht akzeptierten, wurde

---

19 *The PLO Department of Refugee Affairs Definition Proposal,* abgedruckt in: Palestine Liberation Organization – Department of Refugee Affairs (Hrsg.), *The Palestinian Refugees 1948-2000: Factfile*, Jerusalem/Ramallah 2000, S. 4.

20 Art. 11 GA-Res. 194 (III) vom 11. Dezember 1948, abgedruckt in: Takkenberg, Lex, *The Status of Palestinian Refugees in International Law*, Oxford 1998, S. 359 ff.

21 „Die israelische Armee hielt sich kompromisslos an ihren Auftrag, den 1948 / 49 geschaffenen Status quo zu bewahren und die Rückkehr von Flüchtlingen zu verhindern: Wer die Grenze überschritt, wurde beschossen, oder auch, wenn er gefasst wurde, exekutiert", so die Ausführung von Laurens, Henry, *Israel und seine Grenzen*, in: Le Monde Diplomatique, Mai 2000.

in den Folgejahren das Recht der Palästina-Vertriebenen und -Flüchtlinge auf ihre Heimat [22] in zahllosen Resolutionen der Generalversammlung wiederholt und bekräftigt bzw. dessen Nichtimplementierung beklagt.[23]

Diesbezüglich verabschiedete auch der Sicherheitsrat der Vereinten Nationen am 14. Juni 1967 seine Resolution 237, in der die israelische Regierung dazu aufgefordert wird,

> „to facilitate the return of those inhabitants who have fled the areas since the outbreak of hostilities".[24]

Die bekanntesten Sicherheitsrats-Resolutionen betreffend die Palästinenserfrage, die auch im Kontext der Flüchtlingsproblematik zitiert werden, sind die Resolutionen 242 und 338, die unmittelbar als Reaktion auf den Sechstagekrieg 1967 und den Jom-Kippur-Krieg 1973 verabschiedet wurden. Sie besitzen allerdings aufgrund ihrer wenig konkreten Formulierung bezüglich der Vertriebenenfrage nur schwache Wirkung, da Resolution 242 lediglich „the necessity ... For achieving a just settlement of the refugee problem" bekräftigt, und Resolution 338 deren Erfüllung fordert.[25] Auch auf vorangegangene Resolutionen, die das Rückkehrrecht

---

22 Eine juristische Definition des Begriffes Heimat findet sich bei Blumenwitz, Dieter, *Das Recht auf die Heimat*, in: ders. (Hrsg.), *Das Recht auf die Heimat im zusammenwachsenden Europa: Ein Grundrecht für nationale Minderheiten und Volksgruppen*, Frankfurt am Main 1995, S. 41 f.

23 GA-Res. 2452 A, B, und C (XXIII) von 1968, GA-Res. 2535 (XXIV) B von 1969, GA-Res. 2672 (XXV) C von 1970, GA-Res. 2851 (XVI) von 1971 und folgende, von denen insbesondere GA-Res. 3236 (XXIX) vom 22. November 1974 und GA-Res. 3376 (XXX) vom 10. November 1975 zu nennen sind, auf die sich die Generalversammlung in ihren Resolutionen betreffend den Palästinakonflikt wiederholt bezieht. Insgesamt verabschiedeten die UN seit 1948 Hunderte von Resolutionen, die sich, sei es direkt oder indirekt, mit der Palästina-Flüchtlingsfrage befassen. Vgl. Kimminich, Otto, *Das Recht auf die Heimat*, Bonn 1989, S. 181 ff.

24 SC-Res. 237 vom 14. Juni 1967.

25 SC-Res. 242 vom 22. November 1967 und SC-Res. 338 vom 22. Oktober 1973, abgedruckt im Anhang.

der palästinensischen Flüchtlinge und Vertriebenen einfordern, wird in den Resolutionen 242 und 338 nicht Bezug genommen.[26]

c. Realisierungsaussichten für eine Rückkehr der Palästinenser

Während diese Resolutionen 242 und 338 des UN-Sicherheitsrates in der *Declaration of Principles* genannt sind,[27] fand die Resolution 194 der UN-Generalversammlung von 1948 keine Erwähnung. Denn letztere fordert ein Rückkehrrecht von Palästinensern auch auf heutiges Staatsterritorium Israels, dessen Verweigerung als nationaler Konsens in Israel gilt.[28] Denn dies würde, so die israelische Argumentation, nicht nur den jüdischen Charakter Israels, auf den Israelis ausgesprochen bedacht sind,[29] sondern die Existenz des Staates generell gefährden.[30] So wurde beispielsweise 1997 ein *Israeli National Agreement Regarding the Negotiations on the Permanent Settlement With the Palestinians* unter-

---

26 Vgl. Lapidoth, Ruth, *Security Council Resolution 242 at Twenty Five*, in: I.L.R., Vo. 26, 1992, S. 315.

27 Art. I DOP.

28 Eine Anerkennung der Verantwortung für die Vertreibungen von 1948 durch Israel würde fernerhin bedeuten, „that the Israeli state had been born in sin". *For Palestine, bring in Solomon: Israel and the Palestinians are getting nowhere in their pursuit of peace*, in: The Economist, 27. Mai 2000, S. 24.

29 "Die Regierung wird … dem jüdischen Charakter des Staates und dem jüdischen Erbe ... Respekt erweisen." heißt es beispielsweise in den *Regierungsrichtlinien der Regierung des Staates Israel* von Juli 1999, abrufbar unter: http://www.mfa.gov.il. Shimon Peres gelangt in Hinblick auf den jüdischen Charakter Israels, den es zu bewahren gilt, sogar zu der Ansicht: „In fact, for Israel to remain a Jewish state, both morally and demographically, it needs a Palestinian state." Peres, Shimon, *Why Israel needs a Palestinian state*, Essay veröffentlicht in: Le Monde, hier im Internet abgerufen unter: http://www.ariga.com/peresonplatstate.htm.

30 Vgl. Takkenberg, Lex, *The Status of Palestinian Refugees in International Law*, Oxford 1998, S. 230 f.

zeichnet, in dem Israel erneut sein Recht bekräftigt, "to prevent the entry of Palestinian Refugees into its sovereign territory".[31]

Während Israel demnach ein Rückkehrrecht auf sein Staatsterritorium verweigert, so wurde doch prinzipiell eine Rückkehr von Flüchtlingen des Jahres 1967 erwogen. In der *Declaration of Principles* ist folglich ein *Continuing Committee* vorgesehen,

> "that will decide by agreement on the modalities of admission of persons displaced from the West Bank and Gaza Strip in 1967".[32]

Obwohl die Flüchtlingsfrage als eine der „remaining issues" des Endstatus "as soon as possible" behandelt werden sollte,[33] stellte sich eine vierjährige Verhandlungspause während der israelischen *Likud*-Regierung unter Premierminister Benjamin Netanjahu ein. Beendet wurde sie durch eine Konferenz der Außenminister Ägyptens, Israels, Jordaniens und des palästinensischen Planungsministers über die Vertriebenen-Frage im Februar 2000. Divergente Vorstellungen über die Zahl der Palästinenser, denen die Rückkehr ermöglicht werden soll – Israel bot 350.000 an, wohingegen die Palästinenser 860.000 forderten – konnten nicht überbrückt werden. Dennoch gilt es hervorzuheben, dass ein Recht auf die Rückkehr in die autonomen Gebiete inzwischen von Israel zumindest erwogen wird.[34]

---

31 Abgedruckt in: Palestine Liberation Organization – Department of Refugee Affairs (Hrsg.), *The Palestinian Refugees 1948-2000: Factfile*, Jerusalem/Ramallah 2000, S. 18.

32 Art. XII DOP.

33 Art. V Abs. 3 und 2 DOP.

34 Gemäß der Einschätzung des palästinensischen Planungsministers, Nabil Shaath, wird ohnehin zunächst weniger eine Einigung über den zahlenmäßigen Umfang der Rückkehr als vielmehr Israels generelle Anerkennung des Rückkehrrechts angestrebt. Vgl. *Lichtblick für palästinensische Vertriebene: Ministertreffen in Kairo zur Frage der Palästina-Flüchtlinge*, in: NZZ, Nr. 32, 8. Februar 2000.

Solange sich allerdings noch kein Palästinenserstaat etabliert hat, der den völkerrechtlichen Ansprüchen an Staatlichkeit standhält, bezieht sich das palästinensische Rückkehrrecht auf das gesamte Territorium des ehemaligen Mandatspalästinas. Als Einschränkung bleibt hingegen, dass durch die Anerkennung des Existenzrechts Israels durch die PLO in Vertretung des palästinensischen Volkes diejenigen Palästinenser, die auf israelisches Staatsgebiet zurückzukehren beabsichtigen, eine Ausübung des *äußeren* Selbstbestimmungsrechts verwirken.[35]

Nun ist eine Lösung in der Flüchtlingsfrage zwar allein durch Konsens zwischen Israel und den Palästinensern erzielbar. Dennoch sollte abermals betont werden, dass palästinensische Vertriebene einen rechtmäßigen Anspruch auf eine Rückkehr besitzen und dieses Recht nicht von mangelnder israelischer Konzessionsbereitschaft geschmälert werden kann.[36] Allerdings sollten realpolitische Faktoren in die Argumentation miteingeflochten werden. Wie oben angesprochen wurde, durchziehen die palästinensische Wohnbevölkerung in den Autonomiegebieten tiefe Fragmentationslinien.[37] Hier besteht durch das Hinzutreten einer weiteren, zahlenmäßig starken Gesellschaftsgruppe von rückkehrenden Flüchtlingen die Gefahr einer zusätzlichen Verhärtung der innergesellschaftlichen Konfrontationslinien.

Wenn auch dieses Argument spekulativ sein mag, so bleibt hingegen unbestreitbar, dass die Interimsregierung vor dem Hintergrund der ohnehin bereits desolaten ökonomischen Situation in den Autonomiegebieten [38]

---

35 Vgl. Takkenberg, Lex, *The Status of Palestinian Refugees in International Law*, Oxford 1998, S. 250. Siehe hierzu auch oben, Kapitel 1, Punkt A. b. „Der Gehalt des Selbstbestimmungsrechts der Palästinenser".

36 Vgl. Quigley, John, *Displaced Palestinians and a Right of Return*, in: Harvard International Law Journal, Volume 39, No. 1 / 1998, S. 227.

37 Siehe oben, Kapitel 2, Punkt B. b. „Nationswerdung der Palästinenser".

38 Die PA ist in hohem Maße von internationalen Unterstützungszahlungen abhängig; das Pro-Kopf-Einkommen sank zwischen 1992 und 1996 um mehr als 36 %; die Arbeitslosigkeit stieg von 5 % in den 80er Jahren auf über 14 % Ende der 90er Jahre

durch die Rückkehr Hunderttausender Flüchtlinge vor ein akutes Finanzierungs- und Integrationsproblem gestellt wäre.[39] Ob das palästinensische Gemeinwesen in diesem Fall der völkerrechtlichen Anforderung an Staatlichkeit, der gemäß ein staatliches Gebilde auch gravierende Veränderungen der Bevölkerungszahl überdauern muss,[40] wird standhalten können, bleibt fraglich oder zumindest abhängig vom zahlenmäßigen Umfang der Rückkehr.

d. Kompensation und Integration als Alternativen zur Rückkehr ?

In diesem Kontext stellt sich die Frage nach praktikablen Alternativen zu einer umfassenden Rückkehr der Palästina-Flüchtlinge. Bereits 1952 erwog die UN-Generalversammlung in ihrer Resolution 513 (VI) eine Integration der Vertriebenen in den Aufnahmestaaten. Weitgehend gelungen ist diese in Jordanien, wo die 1948er Flüchtlinge als gleichwertige Staatsbürger anerkannt sind und ihnen die jordanische Nationalität verliehen wurde. In Ägypten, Syrien und besonders im Libanon stellt sich die Lage hingegen weniger positiv dar, was von diesen Staaten unter Hinweis auf mangelnde soziale und ökonomische Kapazitäten gerechtfertigt

und ist im zweiten Halbjahr 2000 durch israelische Abriegelung infolge der Gewalteruption seit September 2000 sogar auf knapp 30 % gestiegen.
Ausführliche Wirtschaftsdaten über die Autonomiegebiete vgl. Bundesministerium für wirtschaftliche Zusammenarbeit und Entwicklung (Hrsg.), *Palästinensische Gebiete: Länderbericht*, Bonn, 2000; Der Delegierte der Deutschen Wirtschaft in Palästina (Hrsg.), *Wirtschaftsbericht Palästina*, Ramallah 1998; Der Delegierte der Deutschen Wirtschaft in den palästinensischen Gebieten (Hrsg.), *Leitfaden für Geschäftsreisende in den palästinensischen Gebieten*, Ramallah 1997, besonders Kapitel 4; Kurzübersichten in: *CIA – The World Factbook 2000*, Daten abrufbar unter: http://www.cia.gov/cia/publications/factbook/geos/we.html für die Westbank und unter: http://www.cia.gov/cia/publications/factbook/geos/gz.html für den Gazastreifen; Munzinger-Archiv/IH-Länder aktuell, Infobase Land, Land: Palästina, Kapitel: Wirtschaft.

39 Wie sich unter Punkt D. a. „Gegenwärtige Verteilung der Wasserressourcen“ noch zeigen wird, hängt die Aufnahmefähigkeit eines Palästinenserstaates auch von den verfügbaren und zugänglichen Wasserressourcen ab.

40 Vgl. Seidl-Hohenveldern, Ignaz, *Völkerrecht*, Köln u.a. 1997, S. 156 Rz. 625.

wird.[41] Nichtintegration liegt aber auch darin begründet, dass arabische Staaten die palästinensischen Flüchtlinge als Schachbrettfiguren ihrer antiisraelischen Interessen manövrieren wollten. Ein gewichtiges Argument für Nichtintegration ist überdies, dass durch die Aufrechterhaltung des Flüchtlingsstatus die ungelöste Problematik weiterhin als Verhandlungsmasse von palästinensischen Unterhändlern in die Endstatusgespräche eingebracht werden kann.[42]

Als eine weitere Alternative zur Rückkehr der Palästinaflüchtlinge neben Integration wurden schon in der UN-Resolution 194 (III) von 1948 Kompensationszahlungen – auch an Nichtrückkehrwillige – erwogen. Jedoch wird weithin

> „the issue of refugee compensation as an integral element of, but not substitute for, their right to return“

betrachtet.[43] Unter Berufung auf die UN-Resolution 194 (III) legte bei den Endstatusverhandlungen in Camp David im Juli 2000 die palästi-

---

41 Nichtintegration im Libanon beruht auch darauf, dass die palästinensischen Flüchtlinge das religiöse Gleichgewicht in diesem Staat ins Wanken brachten. Vgl. Ferdowsi, Mir A., *Naher und Mittlerer Osten*, in: Opitz, Peter J., *Der globale Marsch: Flucht und Migration als Weltproblem*, München 1997, S. 237.
Anlass zu Hoffnung auf eine partielle Rückkehr der Flüchtlinge im Libanon gibt indes die Tatsache, dass viele von ihnen nicht vom heutigen israelischen Staatsgebiet vertrieben worden waren, sondern aus der Westbank, wohin eine Rückkehr aussichtsreicher sein könnte. Vgl. *For Palestine, bring in Solomon: Israel and the Palestinians are getting nowhere in their pursuit of peace*, in: The Economist, 27. Mai 2000, S. 24. Zur Situation der Palästinenser im Libanon vgl. auch *Still waiting, still hoping: Palestinians in Lebanon*, in: The Economist, 24. Juni 2000, S. 57.

42 Eine ausführliche Untersuchung des rechtlichen Status der palästinensischen Flüchtlinge in der arabischen Welt Staat für Staat in: Takkenberg, Lex, *The Status of Palestinian Refugees in International Law*, Oxford 1998, Kapitel IV.

43 So B. R. Parilla, stellvertretender Vorsitzender des *United Nations Committee on the Exercise of the Inalienable Rights of the Palestinian People*, in seiner Berichterstattung vor der UN-Generalversammlung von der Internationalen Konferenz über

nensische Seite der israelischen eine Forderung über 40 Milliarden US-Dollar vor, von denen die Rückkehr in den geplanten Palästinenserstaat sowie Kompensation für Nichtrückkehrwillige finanziert werden sollen.[44]

Wird das Rückkehrrecht abgelehnt oder nicht in Anspruch genommen, bleibt das rechtliche Verhältnis von Diaspora-Flüchtlingen zu dem künftigen Palästinenserstaat noch zu definieren.[45]

B. Die jüdischen Siedlungen in der Westbank und im Gazastreifen

Völkerrechtsverletzungen durch den Staat Israel gibt es – wie bereits gezeigt wurde - mehrfach zu beklagen. Ein Aspekt darunter sind auch die zivilen Siedlungen in den Palästinensergebieten (Abbildung 4 und 5), deren Errichtung Israelis schon wenige Tage nach der Eroberung von Westjordanland und Gazastreifen im Sechstagekrieg von 1967 aufnahmen. Diese zivilen Siedlungen verkomplizieren territoriale Fragen des palästinensischen Staatswerdungsprozesses auf eklatante Weise. Denn deren Errichtung und – trotz internationaler Verurteilung – fortwährend betriebener Ausbau (Graphik V) schuf ein *fait accompli*, das letztlich der signifikanteste Hinderungsgrund für eine vollständige Übergabe von Westjordanland und Gazastreifen an die Palästinenser darstellt.

Vor dem wohlbekannten Hintergrund der scharfkantigen israelisch-palästinensischen Ressentiments, um nicht zu sagen Feindschaft, und des

palästinensische Flüchtlinge im UNESCO-Hauptquartier im April 2000. *UN-Press Release*, GA/PAL/843, 21. Juli 2000, unter: http://www.un.org.

44 Vgl. *Hohe Geldforderung der Palästinenser an Israel: Kompensation für die Flüchtlinge von 1948*, in: NZZ, Nr. 157, 8./9. Juli 2000.

45 Die israelische Praxis, die aufgrund Gesetz jedem Juden in der Diaspora die Möglichkeit gewährt, die israelische Staatsbürgerschaft zu erwerben, erscheint im Fall der Palästinenser als wenig praktikables Modell. Abgedruckt ist das israelische *Law of Return* in: Mallison, W. Thomas / Mallison, Sally V., *The Palestine Problem in International Law and World Order*, Harlow 1986, S. 430 f.

tiefverwurzelten israelischen Sicherheitstraumas gegenüber Palästinensern wirft das freiwillige und festüberzeugte Siedeln von Juden in mehrheitlich palästinensisch bewohnten Gebieten verschiedene Fragen auf. Aus welcher Motivation heraus und nach welcher Strategie siedeln Juden im Westjordanland und Gazastreifen ? Wie ist die Siedlungspolitik Israels nach völkerrechtlicher Maßgabe zu bewerten ? Welche Lösungsvorschläge für die Zukunft der Siedlungen unterbreiten sich die Konfliktparteien gegenwärtig ?

a. Jüdische Besiedlung der besetzten Gebiete

Die israelische Siedlungstätigkeit in den besetzten Gebieten lässt sich in drei Phasen unterteilen: In einer ersten Periode war die Errichtung von Siedlungen vorwiegend strategisch motiviert. Sie sollten gemäß dem 1967 konzipierten Allon-Plan, benannt nach dem damaligen Verteidigungsminister, Yigal Allon, entlang den von Israel anvisierten Sicherheitsgrenzen als Siedlungsketten errichtet werden, die unter israelischer Souveränität stehen.

1974 gründete sich der rechts-religiöse *Gush Emunim*, der ‚Block der Getreuen', der intendierte, sich auf dem gesamten biblischen Gebiet Israels niederzulassen. Bekannt wurde diese Strategie als Drobles-Plan und hatte zum Ziel, die territoriale Kontinuität der Palästinenser zu fragmentieren. Durch Siedlungsblöcke inmitten und Siedlungsgürtel um palästinensische Ballungsräume herum (Ostjerusalem, Ramallah, Nablus, Hebron; Abbildung 4) verfolgte der *Gush Emunim*

> "the objective of reducing to the minimum the possibility for the development of another Arab state in these regions. It would be difficult for the minority population to form a territorial continuity and political unity when it is fragmented by Jewish settlements".[46]

---

[46] Drobles, Mattitiahu, *Settlement in Judea and Samaria*, Jerusalem 1980, zitiert nach: Shehadeh, Raja, *From Occupation to Interim Accords: Israel and the Palestinian Territories*, The Hague u.a. 1997, S. 4.

Der erhoffte Erfolg dieser ersten beiden Phasen israelischer Siedlungspolitik blieb allerdings gering. Erst eine dritte Strategie gegen Ende der 70er Jahre ließ die Zahl der Siedler drastisch anschwellen. Unter der *Likud*-Regierung von 1977 bis 1984, im israelischen Parteienspektrum rechts einzuordnen, wurden die jüdischen Siedlungen in den besetzten Gebieten zu Ortschaften mit vortrefflicher Verkehrsanbindung an andere Siedlungen und an die Ballungsgebiete in Israel aufgerüstet. Neue Schnellstraßen wurden derart angelegt, dass sie keine Schnittstellen mit palästinensischen Orten aufwiesen. Israels Ausbau einer Infrastruktur eigens für die jüdischen Siedler ging freilich zu Lasten der Unterhaltung des bereits existierenden Straßennetzes in den Palästinensergebieten, das durch die Vernachlässigung seitens der Besetzungsmacht Israel stark verfiel.[47]

Nachdem nun eine rein strategische oder religiöse Motivation zunächst nicht in gewünschtem Maße gefruchtet hatte, schlug sich die dritte Siedlungsphase in einer eklatanten Veränderung der demographischen Situation in den besetzten Gebieten nieder.

Als 1993 die *Declaration of Principles* unterzeichnet wurde, lebten inzwischen rund 120.000 jüdische Siedler in 150 Siedlungen im Westjordanland (exklusive Ostjerusalem), weitere 4.500 in 16 Siedlungen im Gazastreifen und schließlich noch 160.000 in 9 Siedlungen in Ostjerusalem. Diesen über 280.000 jüdischen Siedlern standen gut zwei Millionen Palästinenser in den besetzten Gebieten gegenüber. Selbst während des Osloer Friedensprozesses wurde die Siedlungspolitik kontinuierlich weiterbetrieben – nicht nur unter der Regierung des rechts-konservativen *Likud*, sondern auch unter der als gemäßigt eingestuften, sozialdemokratischen Arbeitspartei, *Ha Avoda*.[48] Gegenwärtig leben somit

---

47 Vgl. Munzinger-Archiv/IH-Länder aktuell, Infobase Land, Land: Palästina, Kapitel: Wirtschaft.

48 Seit Bestehen des Staates Israel erhielt stets eine der beiden genannten Parteien die Regierungsmehrheit. Ausführlich zum Parteienspektrum in Israel vgl. Wolffsohn, Michael / Bokovoy, Douglas, *Israel: Geschichte – Wirtschaft – Gesellschaft – Politik*, Opladen 1996, S. 132 ff.

knapp 200.000 jüdische Siedler im Westjordanland und im Gazastreifen in zahlreichen Siedlungen, deren größte heute Maale Adumim nahe Jerusalem mit über 25.000 Einwohnern ist.[49]

Tatsächlich führte die israelische Siedlungspolitik zu einer Realisierung der ursprünglichen Intention der Ideologen: palästinensische Ballungszentren sind fragmentiert,[50] durch Siedlungsringe umzingelt [51] und letztlich ist ein *fait accomplit* geschaffen, das eine geschlossene Übergabe von Westjordanland und Gazastreifen an die Palästinenser sabotiert sowie die Überlebensfähigkeit des entstehenden Palästinenserstaates paralysiert.[52]

b. Völkerrechtliche Bewertung israelischer Siedlungspolitik

Die drastischen Konsequenzen israelischer Siedlungspolitik für die palästinensische Staatsbildung legen nahe, dass die internationale Staatengemeinschaft nicht inaktiv geblieben sein wird. Alljährlich seit 1971 verurteilte die UN-Generalversammlung in Resolutionen israelische Siedlungstätigkeiten in den besetzten Gebieten. Sie brachte darin nicht nur

---

49 Vgl. *Verstärkte Siedlungstätigkeit in Cisjordanien und Gaza: Zunahme jüdischer Bewohner*, in: NZZ, Nr. 44, 22. Februar 2000.

50 Als anschaulichstes Beispiel dient die palästinensische Stadt Hebron im Westjordanland. Hier ließen sich neben 150.000 Palästinensern 450 Juden in vier Siedlungen nieder, zu deren Schutz mehr als 2.000 israelische Soldaten stationiert sind. Aufgrund ihrer durchmischten Einwohnerstruktur infolge dieser jüdischen Besiedlung musste Hebron in den Osloer Vereinbarungen in eine palästinensisch kontrollierte H-1 und eine israelische H-2 Zone zerteilt werden. Vgl. Annex I des Interimsabkommens von 1995 und Hebron-Protokoll von 1997; vgl. auch Wehrenfels, Isabelle, *Siedeln um die Wette in der Patriarchenstadt Hebron: Palästinensisches Projekt zur Verteidigung der Altstadt*, in: NZZ, Nr. 184, 10. August 2000.

51 Mit dem Bau der umstrittenen Siedlung Har Homar im Süden Jerusalems ist das mehrheitlich von Palästinensern bewohnte Ostjerusalem gänzlich von einem jüdischen Siedlungsring umschlossen. Vgl. Munzinger-Archiv/IH-Länder aktuell, Infobase Land, Land: Palästina, Kapitel: Politik.

52 Zum Ganzen vgl. Shehadeh, Raja, *From Occupation to Interim Accords: Israel and the Palestinian Territories*, The Hague u.a. 1997, S. 3 ff.

ihre Betroffenheit über die Veränderung des geographischen und demographischen Charakters der besetzten Gebiete zum Ausdruck, sondern wies darüber hinaus den israelischen Siedlungsbau als Bremse für einen Prozess zu einem dauerhaften und gerechten Frieden und als völkerrechtswidrig aus.[53] Auch der UN-Sicherheitsrat verabschiedete Resolutionen, in denen jüdische Siedlungen in den Palästinensergebieten nicht nur verurteilt werden,[54] sondern darüber hinaus auch deren Entfernung gefordert wird.[55] Auf welche Grundlage stützte sich nun die Rüge der Vereinten Nationen, die israelische Siedlungspolitik sei völkerrechtswidrig ?

Wird die israelische Siedlungstätigkeit in den 1967 besetzten Gebieten diskutiert, sollte zunächst eine klare Unterscheidung zwischen halbmilitärischen Siedlungen, sogenannten *Nahals*, und zivilen Siedlungen getroffen werden (Abbildung 7). Während erstere vornehmlich der Wahrung von Sicherheitsinteressen dienen, sind zivile Siedlungen aus historischen oder religiösen Ansprüchen heraus motiviert. In den ersten fünf Jahren nach dem Sechstagekrieg beispielsweise (1967 - 1972) wurden etwa 40 Siedlungen errichtet, von denen je die Hälfte zivile bzw. *Nahals* waren.[56] Gemäß Art. 49 Abs. 6 der Genfer Zivilkonvention darf nun

> „Die Besatzungsmacht ... nicht Teile ihrer eigenen Zivilbevölkerung in das von ihr besetzte Gebiet verschleppen oder verschicken.“ [57]

---

53 GA-Res. 31/106 vom 16. Dezember 1976, GA-Res. 33/113 vom 18. Dezember 1978 u.a.

54 SC-Res. 446 vom 22. März 1979, SC-Res. 452 vom 20. Juli 1979 u.a.

55 SC-Res. 465 vom 1. März 1980, abgedruckt im Anhang. Zum Ganzen vgl. Gnesa, Edi, *Die von Israel besetzten Gebiete im Völkerrecht: Eine besetzungsrechtliche Analyse*, Zürich 1981, S. 194 f.

56 Vgl. aaO, S. 191.

57 Art. 49 Abs. 1 der Genfer Zivilkonvention, zitiert nach: Gnesa, Edi, *Die von Israel besetzten Gebiete im Völkerrecht: Eine besetzungsrechtliche Analyse*, Zürich 1981, S. 197.

Nicht nur Verschleppung, sondern auch Verschickung von Staatsangehörigen des Besetzers, etwa um sich dauerhaft auf besetztem Gebiet niederzulassen, ist demnach unzulässig. Zahlenmäßiger Umfang, Art und Vorgehensweise der Landnahme sind hierbei unerheblich; denn schon die vereinzelte Ansiedlung, sei es auf staatlichem oder privatem Grundbesitz, ist rechtswidrig.

Eine Ausnahme stellen laut Art. 23 lit. g der Haager Landkriegsordnung aus Sicherheitsgründen unabdingbare Militärsiedlungen dar, die zeitlich befristet auch auf konfiszierten öffentlichen Grundstücken errichtet werden dürfen. Jüdische Zivilsiedlungen indes sind weitgehend historisch oder religiös motiviert und auf Dauer angelegt. Auch das Sicherheitsargument greift in diesem Fall nicht, denn ein Beitrag dieser Siedlungen zur Aufrechterhaltung von Ruhe und Ordnung in den besetzten Gebieten ist nicht erkennbar. Vielmehr irritiert die provokative Siedlungsstrategie die Sicherheitslage in den Palästinensergebieten, indem sie wiederholt Anlass zu gewaltsamer Konfrontation zwischen Einheimischen und Angesiedelten gab.[58]

Die Besetzungsmacht Israel bedient sich allerdings mitunter einer Auslegung des Konventionsrechts, die „einseitig zu ihrem Vorteil" ausfällt, missachtet dieses gänzlich, indem politischen Erwägungen Priorität

---

58 Beispiele hierfür werden mehrfach aus jüngster Zeit infolge der Gewaltentgleisungen seit September 2000 angeführt. Hierzu zählen etwa die mutwillige Zerstörung palästinensischer Olivenhaine und der Gebrauch von Schusswaffen seitens jüdischer Siedler gegen palästinensische Bauern, die im Begriff waren, ihre Olivenernte einzubringen, sowie laut offiziellen Spitalangaben auch Vorfälle wie die Entführung, Misshandlung und schließlich Ermordung eines palästinensischen Schuljungens auf seinem Heimweg.
Vgl. *Arafat hofft auf die Unterstützung Clintons*, in: NZZ, Nr. 259, 6. November 2000. Zur völkerrechtlichen Bewertung israelischer Siedlungspolitik insgesamt vgl. Gnesa, Edi, *Die von Israel besetzten Gebiete im Völkerrecht: Eine besetzungsrechtliche Analyse*, Zürich 1981, S. 201 ff.

gewährt wird oder weist es als nicht anwendbar in Bezug auf die 1967 besetzten Gebiete aus.[59]

c. Annexion und Aufgabe von Siedlungen durch Israel

Dennoch ist evident, dass vor dem Hintergrund des palästinensischen Staatsbildungsprozesses und der zunehmend komplizierten und aufwendigen israelischen Maßnahmen zum Schutz der Siedlungen ein Festhalten Israels an der Gesamtheit der jüdischen Siedlungen in den Palästinensergebieten nicht aufrechtzuerhalten sein wird.[60] Das andere Extrem, die restlose Aufgabe aller bestehenden Siedlungen, um das Westjordanland und den Gazastreifen den Palästinensern vollständig zu überantworten, wird sich ebenso wenig realisieren lassen. Es wird vielmehr zu einer Schnittfläche aus beiden Szenarien kommen, für die allerdings wiederum bezüglich ihrer Konsequenzen stark variierende Möglichkeiten infrage kommen.[61]

So wurde auch eine Überantwortung eines Teils der jüdischen Siedlungen an die Palästinenser wiederholt diskutiert. Die jüdischen Siedler wären hierdurch vor die Alternativen gestellt, unter palästinensischer Hoheit zu leben oder sich auf israelisches Staatsterritorium zurückzuziehen. Möglicherweise wird dies drastische Folgen nach sich ziehen, etwa hohe Kompensationsforderungen umsiedelnder Juden an den Staat Israel oder Radikalisierung und Gewaltausbrüche von ehemaligen Siedlern, nicht allein gegen Palästinenser, sondern ebenso gegen die israelische Regie-

---

59 AaO, S. 209. Zur Anwendbarkeit der Genfer Konventionen in diesem Bezug vgl. Gasser, Hans-Peter, *The Geneva Conventions and the Autonomous Territories in the Middle East*, Bowen, Stephen (Hrsg.), *Human Rights, Self-determination and Political Change in the Occupied Palestinian Territories*, The Hague 1997, S. 291-300.

60 "Für israelische Militärs ist es ein Albtraum, in Feindesland isolierte Strassenverbindungen schützen zu müssen", so ein Kommentar von Woker, Martin, *Blut und Bomben in Palästina*, in: NZZ, Nr. 258, 4./5. November 2000.

61 Vgl. Szpiro, George, *Israels Debatte um Zukunft der Siedlungen: Rückzug und Gebietsabtausch als Lösungsvorschläge*, in: NZZ, Nr. 260, 7. November 2000.

rung selbst gerichtet.[62] Ein Aufgeben von Siedlungen durch die israelische Regierung impliziert demnach immensen innergesellschaftlichen Sprengstoff in Israel.[63]

Bei einer Annexion der großen der israelischen Siedlungsblöcke inmitten der Westbank (Abbildung 4) ergäbe sich zwar ein fragmentiertes palästinensisches Staatsterritorium, das sich sodann aus fünf Inseln zusammensetzen würde. Abgesehen von den bekannten Nachteilen ließe sich das Gemeinwesen dennoch als Staat bezeichnen – sofern die verbleibenden völkerrechtlichen Ansprüche an Staatlichkeit erfüllt sind – denn das Völkerrecht erhebt territoriale Kontinuität nicht zwingend als Staatlichkeitskriterium.[64]

Diese Ausführungen zeigen, dass die Frage nach der Zukunft der jüdischen Siedlungen in den Palästinensergebieten unmittelbaren Einfluss auf die Demarkation des Palästinenserstaates nehmen wird. Betrachten wir nun die Grenzproblematik eingehender.

C. Die Grenzen des palästinensischen Staatsterritoriums

a. Resolution 242 des UN-Sicherheitsrates als Grundlage ?

In der Diskussion um die Grenzfrage rückt erneut die Resolution 242 des UN-Sicherheitsrates in den Vordergrund.[65] Die herausragende Bedeutung dieser Resolution geht allein schon daraus hervor, dass sie bereits in den

---

62 Vgl. Sayigh, Yezid, *Redifining the Basics: Sovereignty and Security of the Palestinian State*, in: J.P.S. XXIV, no. 4 (Summer 1995), S. 9.

63 Vgl. Dachs, Gisela, *Retuschen an der Grünen Linie: Wo verläuft die Grenze zwischen Israel und Palästina ?*, in: Die Zeit, Nr. 40, 30. September 1999.

64 „Staatsgebiet muß nicht in sich geschlossen sein. ... Ein Stück eines Staatsgebietes kann auch zur Gänze von Gebiet eines anderen Staates umschlossen sein ...“ Seidl-Hohenveldern, Ignaz, *Völkerrecht*, Köln u.a. 1997, S. 248 Rz. 1165.

65 SC-Res. 242 ist im Anhang abgedruckt.

Verhandlungen in Camp David 1978, für den Friedensvertrag zwischen Ägypten und Israel 1979, in der Madrider Friedenskonferenz 1991 und schließlich in den Osloer Verträgen ab 1993 als Grundlage diente. Hinzu kommt, dass Resolution 242 seinerzeit einstimmig angenommen und auch von den Konfliktparteien selbst akzeptiert worden war. Dies konnte wiederum nicht die bis heute fortbestehende Interpretationsdivergenz überbrücken, die den Umfang des geforderten israelischen Rückzugs aus den besetzten palästinensischen und arabischen Gebieten betrifft und die insbesondere zwischen Israel und arabischen Staaten sowie Palästinensern ausgetragen wird.

Palästinensische Interpretation

Die Palästinenser stellen die Forderung der UN-Resolution 242 nach „Withdrawal of Israel armed forces from territories occupied in the recent conflict“ in Zusammenhang mit der Betonung der „inadmissibility of the acquisition of territory by war“ in der Präambel der Resolution. Aus dieser Perspektive heraus interpretieren sie die Resolution als eine Verpflichtung zu einem vollständigen Rückzug Israels von allen 1967 besetzten Gebieten. Die arabisch-palästinensische Seite beruft sich hierbei auf die französische Version der UN-Resolution 242, die von „retrait des forces armées israéliennes *des* territoires occupées lors du récent conflit“ (Hervorhebung S.G.) spricht: dem Artikel „des“ vor „territoires“ sei zu entnehmen, dass ein Rückzug von Westjordanland, Ostjerusalem und Gazastreifen nicht partiell, sondern ganzheitlich zu erfolgen habe.[66]

Auf dieses Fundament sind nun palästinensische Territorialvorstellungen gegründet, denen gemäss der Palästinenserstaat das gesamte Gebiet des 1967 besetzten Gazastreifens und Westjordanlandes, einschließlich Ostjerusalem, umfassen soll.[67] Die Grenze zwischen israelischem und palä-

---

66 Vgl. Lapidoth, Ruth, *Security Council Resolution 242 at Twenty Five*, in: I.L.R., Vo. 26, 1992, S. 306 f.

67 Bestärkt in der Forderung nach einem restlosen israelischen Rückzug wurden die Palästinenser nicht zuletzt durch Israels (bis auf drei strittige, kleinere Gebietsteile) vollständige Räumung der seit 1982 besetzten Sicherheitszone im Südlibanon, die

stinensischem Staat verliefe demzufolge entlang der Waffenstillstandslinien von 1949, der sogenannten ‚Grünen Linie' (Abbildung 2).[68] Dieses Verhandlungsziel wird auf palästinensischer Seite bereits als Kompromiss gewertet, denn der zukünftige Staat würde sich sodann auf lediglich 22 % des ehemaligen Mandatsgebiets Palästina erstrecken, von dem der UN-Teilungsplan von 1947 den Palästinensern noch 43 % zugesprochen hatte (Abbildung 1).[69]

Bis heute wurden der palästinensischen Interimsregierung lediglich etwa 50 % der besetzten Gebiete, also die Hälfte besagter 22 % Palästinas, unterstellt (Abbildung 3 und 4). Das Ausmaß weiterer Gebietsabtretungen

---

der UN-Generalsekretär, Kofi Annan, zusammen mit Israels Erfüllung der SC-Resolution 425 von 1978 am 16. Juni 2000 zu Protokoll gegeben hatte.
Vgl. Kocher, Victor, *Libanon im Ringkampf mit der Uno: Ruf nach weiteren Abzugsbewegungen durch Israel*, in: NZZ, Nr. 140, 19. Juni 2000; *For Palestine, bring in Solomon: Israel and the Palestinians are getting nowhere in their pursuit of peace*, in: The Economist, 27. Mai 2000, S. 20.

68 Die Bezeichnung ‚Grüne Linie' geht darauf zurück, dass die Waffenstillstandlinien 1949 nach dem ersten arabisch-israelischen Krieg, dem Unabhängigkeitskrieg von 1948, in den Waffenstillstandsverträgen zwischen Israel und Syrien, Jordanien sowie dem Libanon auf der Landkarte mit einem grünen Stift eingetragen worden waren.
Vgl. Teil 2 einer vierteiligen Serie über die Grundprobleme im Nahen Osten, die Ende 1999 die Nahost-Korrespondentin der Zeitung ‚Die Zeit', Gisela Dachs, veröffentlichte; hier: Dachs, Gisela, *Retuschen an der Grünen Linie: Wo verläuft die Grenze zwischen Israel und Palästina ?*, in: Die Zeit, Nr. 40, 30. September 1999.
Waffenstillstandsverträge 1949: zwischen Israel und Ägypten am 24. Februar, Libanon am 24. März, Transjordanien am 3. April und Syrien am 20. Juli 1949. Vgl. Harttung, Arnold (Hrsg.), *Zeittafel zum Nahostkonflikt: 1920-1979 – Dokumentation*, Berlin 1979, S. 53 ff.

69 UN-Teilungsplan: GA-Res. 181 (II) vom 29. November 1947. Detailliert zu den Grenzen siehe GA-Res. 181 (II) Teil II A (arabischer Staat), B (jüdischer Staat) und Teil III (Stadtbezirk von Jerusalem). Ausführlich hierzu vgl. Harttung, Arnold (Hrsg.), *Ursprung und Entwicklung des arabisch-israelischen Konflikts und der Palästina-Teilungsplan der Vereinten Nationen*, Berlin 1993, S. 104 ff.

seitens Israels – auch bei Zustandekommen eines endgültigen Friedensvertrages – wird indes als gering eingeschätzt.[70]

Israelische Interpretation

Israel seinerseits macht eine Priorität der englischen Version vor der französischen geltend und unterlegt dies mit den Argumenten, dass Englisch die Arbeitssprache der Mehrheit der Beteiligten war, dass die Basis der UN-Resolution 242 ein britischer und somit in englischer Sprache abgefasster Entwurf war und dass gemäss Artikel 33 der Wiener Vertragsrechtskonvention von 1969 [71] beide Versionen die selbe Bedeutung haben. Zusätzlich erinnert die israelische Seite daran, dass seinerzeit Vorschläge, „all" beziehungsweise „the" vor „territories" zu setzen, abgelehnt worden waren. Des weiteren sieht Israel die Rückzugsaufforderung des Sicherheitsrats in Verbindung mit der darauffolgenden Mahnung zur Respektierung des Rechts eines jeden Staates in der Region,

> „to live in peace within secure and recognized boundaries free from threats or acts of force".[72]

Diese Wendung wäre gemäss israelischer Auslegung wirkungslos, wenn die Resolution gleichzeitig einen vollständigen Rückzug bis auf die Waffenstillstandslinien von 1949 forderte. Denn nicht zuletzt die Suezkrise von 1956 habe gezeigt, dass diese Linien weder als „secure" noch als „recognized" charakterisierbar gewesen wären.[73] Durch die Rückgabe des Sinai an Ägypten nach dem Friedensvertrag von Camp David aus dem

---

70 Vgl. Rößler, Hans-Christian, *Wirkliche Unabhängigkeit bleibt ein fernes Ziel : Der mögliche Staat Palästina wurde im Lauf der Jahre immer kleiner*, in: FAZ, Nr. 213, 13. September 2000.

71 *Wiener Übereinkommen über das Recht der Verträge*, 23. Mai 1969, in: Sartorius, Band II, *Internationale Verträge – Europarecht*, Stand: 15. Januar 2000, München 2000, 320.

72 SC-Res. 242 vom 22. November 1967.

73 Zum Ganzen vgl. Lapidoth, Ruth, *Security Council Resolution 242 at Twenty Five*, in: I.L.R., Vo. 26, 1992, S. 295 ff.

Jahr 1979 betrachtet Israel nun die UN-Resolution 242 als implementiert.[74]

Inzwischen bestätigt ist die Auslegung der UN-Resolution 242 als Empfehlung und nicht als bindende Entscheidung. Denn das Dokument basiert nicht auf Kapitel VII („threats to peace, breaches of the peace, and acts of aggression") der Satzung der Vereinten Nationen und eine „resolution not based on Chapter VII is non-binding".[75]

Solange demnach die Interpretationsdivergenz bezüglich des in der UN-Resolution 242 geforderten Umfangs eines israelischen Truppenrückzugs aus Westjordanland und Gazastreifen zwischen den Konfliktparteien weiter fortbesteht, ist den Osloer Abkommen keine klare Aussage über die künftigen Grenzen des Palästinenserstaates zu entnehmen, auch wenn UN-Resolution 242 (sowie 338) als Grundlage eines Endstatus festgeschrieben ist. Die UN-Resolution 242 dient folglich nicht ausreichend als eindeutige Demarkationsgrundlage für einen Palästinenserstaat.

b. Verbindung zwischen Westbank und Gazastreifen

Welche Grenzen den Palästinenserstaat auch immer umgeben werden, evident ist, dass er sich auf den Gebieten Westjordanland und Gazastreifen – wenn auch nur auf Teilen – erstrecken wird. Das Staatsterritorium wird demnach weiterhin zumindest zweigeteilt bleiben. Wie im vorangegangen Kapitel ausgeführt, gelang es im Zuge des israelisch-palästinensischen Einigungsprozesses, eine Verbindung dieser beiden Teile mittels

---

74 Die israelische Auslegung unterstrich erneut der israelische Generalstaatsanwalt, Eliakim Rubinstein, in einer Erklärung vom Juni 2000, die bei Palästinensern freilich massive Empörung provozierte. Vgl. *Eklat um Israels Auslegung der Uno-Resolutionen: Rückzug von welchen Grenzen ?*, in: NZZ, Nr. 151, 1./2. Juli 2000.

75 „For your information, Security Council resolution 242 (1967) is not based on Chapter VII of the Charter", führt der UN-Generalsekretär auf einer Pressekonferenz im März 1992 weiter aus. *UN Press Release*, SG/SM/4718, 19. März 1992, unter: http://www.un.org. Die Charta der Vereinten Nationen ist zugänglich unter: http://www.un.org/aboutun/charter/index.html.

safe passages einzurichten.[76] Doch wurde auch die Unzulänglichkeit dieser Lösung herausgearbeitet. Für eine endgültige Regelung werden folglich Alternativen geprüft, die eine möglichst große Schnittfläche zwischen palästinensischer Mobilität und israelischem Sicherheitsbedürfnis erzielen.

Nachdem der seinerzeitige israelische Premierminister Ehud Barak in einer Rede vor der Knesset im Herbst 1999 die Transitstrecken als lediglich Provisorien ausgewiesen hatte, sprach er sich aufgrund des höheren Sicherheitswerts für Brücken zur Verbindung von Westjordanland und Gazastreifen aus.[77]

Auch Pläne zum Bau einer Schnellbahntrasse, die auf vierzehn Meter hohen Stelzen über israelisches Staatsterritorium gelegt werden soll, wurden bereits von Seiten Frankreichs ausgearbeitet, das überdies seine Bereitschaft zur Finanzierung des Projekts zugesichert hat. Die Stelzen sollen ein Eindringen palästinensischer Terroristen auf israelisches Staatsgebiet verhindern.[78]

c. Korrekturen entlang der ‚Grünen Linie'

Wie bereits angesprochen, nimmt die Frage der jüdischen Siedlungen entscheidenden Einfluss auf den Grenzverlauf des zukünftigen Palästinenserstaates. Als vergleichsweise noch am geringsten mit negativen Konsequenzen für das Territorium eines Palästinenserstaates verbunden erscheint die Annexion derjenigen jüdischen Siedlungen durch Israel, die sich nahe den Waffenstillstandslinien von 1949 befinden (Abbildung 4).

---

76 Siehe oben, Kapitel 2, Punkt C. b. „*Safe passages* und israelische Abriegelungspolitik".

77 Vgl. Schmitz, Thorsten, *Israelis und Palästinenser einigen sich auf Transitstrecke*, in: SZ, Nr. 231, 6. Oktober 1999.

78 Vgl. Bednarz, Dieter / Grossbongardt, Annette / Windfuhr, Volker, *Logenplatz für den Präsidenten: Eine Bahntrasse zwischen den palästinensischen Enklaven und eine eigene Währung – Arafats Traum vom eigenen Staat nimmt Gestalt an*, in: Der Spiegel, Nr. 19 / 2000, S. 214-219.

Zwar werden hierzu Korrekturen entlang der ‚Grünen Linie' durchgeführt werden müssen. Andere Siedlungen hingegen, die palästinensisches Territorium fragmentieren, und deren eigene – die palästinensische wohl übertreffende – Infrastruktur und deren Sicherheitskräfte für Palästinenser eine Provokation darstellen, könnten somit aufgegeben werden – ein bedeutender Beitrag zur Minderung des Konfliktpotentials. Schon durch eine Zession [79] von 11 % der Palästinensergebiete an Israel könnten 70 % aller jüdischen Siedler in ihren Orten, die sodann auf israelischem Staatsterritorium lägen, verbleiben.[80]

Im Gegentausch für die Gebietsverluste, die den Palästinensern im Westjordanland entstünden, wird eine Zession israelischen Staatsgebiets um den Gazastreifen herum in die Diskussion gebracht.[81] Ob eine derartige Vergrößerung des Gazastreifens als Gebiets*gewinn*, als tatsächliche Entschädigung für das palästinensische Gemeinwesen ausgewiesen werden kann, hängt indes noch von der Beschaffenheit dieses neuen Territoriums ab. Denn pure Quantität wäre freilich unzureichend, wenn bezüglich der Qualität der neuen Gebiete (landwirtschaftliche Nutzungsmodalitäten, Ressourcenvorkommen, Tauglichkeit als Siedlungsgebiet etc.) ein zu krasses Gefälle gegenüber den an Israel abgetretenen bestünde.

---

79 Eine Zession ist die Abtretung von territorialer Souveränität per Vertrag. Vgl. Seidl-Hohenveldern, Ignaz, *Völkerrecht*, Köln u.a. 1997, S. 245 Rz. 1159 ff.

80 Dieses Prinzip „Minimale Grenzkorrekturen bei maximaler Annektierung von Israelis" geht auf eine Studie von Joseph Alpher, israelischer Sicherheitsexperte, aus dem Jahr 1994 zurück. Vgl. Dachs, Gisela, *Retuschen an der Grünen Linie: Wo verläuft die Grenze zwischen Israel und Palästina ?*, in: Die Zeit, Nr. 40, 30. September 1999.

81 Dieser Vorschlag stammt von Yossi Beilin, israelischer Unterhändler im Osloer Friedensprozess. Vgl. aaO.

d. Kontrolle über das geostrategisch bedeutsame Jordantal

Eine entscheidende Rolle bei der Fixierung der Grenzen des Palästinenserstaates wird ebenso das Tal des Jordanflusses spielen (Abbildung 8). Die Kontrolle über diese Abgrenzung der Westbank zur „Eastbank", also zum Haschemitischen Königreich Jordanien, ist ein bedeutender Faktor außen- und sicherheitspolitischer Erwägungen Israels. Denn der Jordangraben, der am See Genezareth etwa 200 m und am Toten Meer etwa 400 m unter dem Meeresspiegel liegt, weist einen hohen strategischen Wert auf. Überschritten Kräfte, die Israel feindlich gesinnt sind, das Jordantal und stießen sie bis auf die Hügelketten des Westjordanlandes vor, könnten sie von diesem Höhenzug aus die israelische Küstenebene bis zum Mittelmeer vortrefflich überblicken.[82]

Daher plant Israel, sich die Kontrolle über den Jordangraben vorzubehalten. Ob hierfür tatsächlich eine Annexion des Flußtals erforderlich ist, bezweifelt selbst das israelische Sicherheitsestablishment.[83] Denn infolge des israelisch-jordanischen Friedensschlusses im Jahr 1994 zeichnet sich ein Wandel im israelischen Sicherheitsdenken ab. Die Experten [84] diskutieren daher eine temporäre – etwa auf zehn Jahre befristete – israelische Kontrolle, die nach Vertrauensbildung und Bewährung der palästinensischen Sicherheitstruppe an diese übertragen werden könnte, sowie die Stationierung von Frühwarnsystemen in diesem Gebiet.[85]

---

82 Vgl. Eshel, David, *Der Staat Palästina und die Sicherheit Israels*, in: Europäische Sicherheit, Nr. 1, Januar 2000, S. 39 ff.

83 Gespräch der Verfasserin im *Jaffee Center for Strategic Studies* in Tel Aviv mit Dr. Mark A. Heller im Mai 2000.

84 Zu diesen Experten zählt Shai Feldman, Direktor des *Jaffee Center for Strategic Studies.*

85 Vgl. Dachs, Gisela, *Retuschen an der Grünen Linie: Wo verläuft die Grenze zwischen Israel und Palästina ?*, in: Die Zeit, Nr. 40, 30. September 1999. Ein Konzept des israelischen Kabinettsmitglieds Haim Ramon sieht vor, 20 % der Westbank, darin inbegriffen ein breiter Gebietsstreifen des Jordangrabens, unbefristet zu leasen. Weitere 10 % des Westjordanlandes sollen von Israel annektiert und 70 % an die Palästinenser übergeben werden. Vgl. *For Palestine, bring in Solomon:*

Die Verteidigung eines Palästinenserstaates

Eine israelische Kontrolle über das Jordantal stellt freilich eine Souveränitätsbeschränkung des künftigen Palästinenserstaates dar. Eingriffe in die Souveränität des werdenden Staates stoßen auf palästinensischer Seite zumeist auf Kritik, wenn nicht auf gänzliche Ablehnung. Konzessionsbereitschaft zeichnet sich hingegen in der Frage der Verteidigung des palästinensischen Gemeinwesens ab. Israel wird den Palästinensern zwar keine schweren Waffen, keine Stationierung fremder Truppen, keine eigene Armee und auch keine Militärpakte mit Israel feindlich gesonnenen Staaten zugestehen.[86] Doch würde es dem jungen Staat ohnehin am finanziellen und menschlichen Potential fehlen, sei es um ernsthaft abzuschrecken oder um einem Angriff von außen standzuhalten. Massive Rüstungsanstrengungen könnten eine exzessive Besteuerung der Palästinenser bedingen, wodurch sich die Sicherheitslage, in diesem Fall die innenpolitische, eher noch verschlechtern dürfte und wodurch Nachbarstaaten zu Gegenmaßnahmen motiviert werden könnten.[87]

Angesichts dieses klassischen Sicherheitsdilemmas gereicht eine israelische Militärpräsenz zur Überwachung des Jordangrabens dem werdenden Palästinenserstaat zum Vorteil. Denn hohes Abschreckungspotential besitzt ein zu erwartender, sofortiger Gegenschlag Israels bei jeglichen Truppenbewegungen von Osten über den Jordan nach Westen, also in die Westbank. Wenn beispielsweise Transjordanien ursprünglich noch an einer grundlegenden Revision des UN-Teilungsplans von 1947 interessiert gewesen ist [88] und von daher nach dem Unabhängigkeitskrieg von

---

Israel and the Palestinians are getting nowhere in their pursuit of peace, in: The Economist, 27. Mai 2000, S. 23.

86 Vgl. Grossbongardt, Annette, *Gipfel des Konflikts*, in: Der Spiegel, Nr. 29 / 2000, S. 127; Dachs, Gisela, *Retuschen an der Grünen Linie: Wo verläuft die Grenze zwischen Israel und Palästina ?*, in: Die Zeit, Nr. 40, 30. September 1999.

87 So die Einschätzung von Sayigh, Yezid, *Redifining the Basics: Sovereignty and Security of the Palestinian State*, in: J.P.S. XXIV, no. 4 (Summer 1995), S. 10.

88 Zu Transjordaniens Revisionsabsichten bezüglich des UN-Teilungsplans vgl. Mejcher, Helmut (Hrsg.), *Die Palästina-Frage 1917 – 1948: Historische Ursprünge*

1948 das eroberte Territorium westlich des Jordans (Westbank) dem eigenen Staatsgebiet einverleibt hat,[89] so stellt bei einer israelischen Kontrolle der Jordansenke das Haschemitische Königreich keine Bedrohung mehr für den jungen Palästinenserstaat dar.[90]

D. Der Verteilungskonflikt um die knappen Wasserressourcen

Rückten bisher vornehmlich geostrategische Aspekte des Jordans und seines Tals (Abbildung 8) in den Vordergrund, so erschöpft sich die Bedeutung dieses Flusses für die Konfliktparteien freilich nicht allein darin. Angesichts der eklatanten Wasserknappheit im Nahen Osten, die weltweit mit zur größten gezählt werden muss, ist dem Jordanbecken ebenso existentieller Wert beizumessen. Wenn sich der Fokus dieser Untersuchung zumeist auf das israelisch-palästinensische Verhältnis richtet, da von Israels Kompromissbereitschaft die palästinensische Staatswerdung zu einem bedeutenden Teil abhängt, sind bezüglich des Wasserhaushalts eines künftigen Palästinenserstaates ferner das Haschemitische Königreich von Jordanien, aber auch Syrien, ebenso Anliegerstaaten des Jordanbeckens, involviert. Darüber hinaus wird die Regelung des Wasserhaushaltes des palästinensischen Gemeinwesens weiterhin in erheblichem Maße auf die internationale Staatengemeinschaft in Form von technischer und finanzieller Unterstützung angewiesen sein.

---

und internationale Dimensionen eines Nationenkonflikts, Paderborn 1993, Einleitung.

89 In der Konsequenz unterstand das Westjordanland von 1948-1967 jordanischer Herrschaft. Nachdem infolge der israelischen Eroberung im Sechstagekrieg die Westbank inzwischen bereits über 20 Jahre unter Besetzung Israels stand, trat Jordanien das Westjordanland am 31. Juli 1988 rechtlich und administrativ ab. Vgl. Ibrahim, Waleed, *Die palästinensische Selbstregierung nach dem internationalen Gaza-Jericho-Abkommen vom 13. September 1993: Eine völkerrechtliche Studie*, Frankfurt a. M. u.a. 1998, S. 14 f.

90 Vgl. Sayigh, Yezid, *Redifining the Basics: Sovereignty and Security of the Palestinian State*, in: J.P.S. XXIV, no. 4 (Summer 1995), S. 9 f.

a. Gegenwärtige Verteilung der Wasserressourcen

Um die Dimension der Wasserfrage zu erfassen, empfiehlt es sich, zunächst die gegenwärtige Verteilung dieser knappen Ressource in der Region zu erläutern. Indem Israel im Sechstagekrieg 1967 unter anderem die Westbank und den Golan eroberte, gewann der Staat Kontrolle über neue Wasserressourcen, aus denen heute etwa die Hälfte des israelischen Wasserbedarfs gedeckt wird.[91] Hierbei handelt es sich vornehmlich um die Zuflüsse des Jordans, um Aquifere (Grundwasseradern) unter der Westbank und um diejenigen Vorkommen in der Westbank, die in die Grundwasserspeicher der israelischen Küstenebene fließen.[92]

Israel, als Oberlieger des Jordans, pumpt große Mengen des Wassers aus dem See Genezareth, seinem einzigen oberirdischen Süßwasserspeicher, dessen Zu- und Ablauf der Jordan ist, via *National Water Carrier* in seine Küstengebiete und für landwirtschaftliche Zwecke bis in die Wüste Negev im Süden des Landes (Abbildung 8).[93] In seinem Wasserstand dementsprechend ärmer ist der Jordan unterhalb des See Genezareth, wo sich die Palästinenser der Westbank (aber auch die Jordanier) als Unterlieger der Israelis befinden.[94] In der Westbank wiederum sind die Palästinenser gegenüber den Israelis der Küstenebene Oberlieger.

---

91 Schon allein dieses Faktum verdeutlicht, dass eine Rückgabe von besetzten Gebieten für Israel auch einen Verlust von Zugang zu Wasser bedeutet. Hier zeigt sich, wie verzahnt der Territorial- mit dem Wasserverteilungskonflikt ist.

92 Vgl. Renger, Jochen, *The Middle East Peace Process: Obstacles to Cooperation over Shared Waters*, in: Scheumann, Waltina / Schiffler, Manuel (Hrsg.), *Water in the Middle East: Potential for Conflicts and Prospects for Cooperation*, Berlin/Heidelberg 1998, S. 48.

93 Eine ausführliche Reportage zu Wassermanagement in der Wüste Negev erstellte Grossbongardt, Annette, *Fische in der Wüste*, in: Der Spiegel, Nr. 21 / 2000, S. 168-172.

94 Vgl. Schiffler, Manuel, *Konflikte um Wasser – ein Fallstrick für den Friedensprozeß im Nahen Osten ?*, in: Aus Politik und Zeitgeschichte, B 11 / 1995, 10. März 1995, S. 13.

Als hydrologische Interdependenz würde sich demnach das israelisch-palästinensische Verhältnis gestalten. Gegenwärtig handelt es sich indes um eine einseitige Abhängigkeit der Palästinenser gegenüber Israel, das mit der Kontrolle über die Wasserressourcen in den Palästinensergebieten in der Lage ist, auch den Wasserkonsum der palästinensischen Bevölkerung zu steuern. Dieser liegt aufgrund der restriktiven Rationierung, die die Besetzungsmacht den nicht israelischen Bewohnern von Westbank und Gazastreifen auferlegt, bei weniger als einem Drittel des durchschnittlichen Pro-Kopf-Verbrauchs der Israelis.

Hierbei werden 70 % der konsumierten 110 m³ Wasser pro Kopf und pro Jahr für die Landwirtschaft und 30 % in Haushalten und Kleinbetrieben verwendet. Diese Aufteilung gleicht derjenigen der weiteren Anlieger des Jordanbeckens: auch in Israel und Jordanien fließen 70 % in die Landwirtschaft, weitere 25 % in die privaten Haushalte und die verbleibenden 5 % in die Industrie. Allerdings übertrifft der israelische Wasserverbrauch mit 390 m³ pro Kopf und Jahr auch den jordanischen bei weitem, der sich mit 200 m³ pro Kopf und Jahr auf knapp die Hälfte beläuft.[95]

b. Wasserrechte der Palästinenser

Im Zuge des Madrider Friedensprozesses im Nahen Osten [96] wurden nun bereits einige Erfolge durch Wasserdiplomatie erzielt. Im israelisch-jordanischen Friedensvertrag von 1994 konnte der bilaterale Verteilungskonflikt durch eine beide Seiten zufriedenstellende Aufteilung der Wasserrechte an den Flüssen Jordan und Yarmuk beigelegt werden.[97] Die Autonomiegebiete hingegen, die schließlich ebenso als Anlieger des Jordanbeckens Rechte an dortigen Wasservorkommen beanspruchen, wurden in die Wasserregelungen dieses Friedensvertrags nicht mitein-

95 Vgl. aaO, S. 14.

96 Siehe hierzu oben, Kapitel 1, Punkt C. a. „Madrider Friedensgespräche und Osloer Geheimverhandlungen“.

97 Art. 6 und Annex II des Friedensvertrags zwischen dem Staat Israel und dem Haschemitischen Königreich von Jordanien vom 26. Oktober 1994, in: I.L.M., V. 34, 1995, bzw. abrufbar unter: http://www.mfa.gov.il/mfa/go.asp?MFAH00pa0.

bezogen. Auch die Osloer Abkommen räumten die signifikant ungleiche Verteilung zwischen Israel und den Palästinensern [98] nicht beiseite, milderten sie hingegen leicht ab.

So gestand Israel den Palästinensern rein formell Wasserrechte zu, die allerdings erst im Zuge der Endstatusverhandlungen präzisiert und im noch ausstehenden Endstatusvertrag fixiert werden sollen.[99] Für die Interimsphase wurden der *Palestinian Authority* derweil Kompetenzen im Wasserverwaltungsbereich übertragen wie etwa Abwassermanagement und Mitspracherechte in einem neueingerichteten israelisch-palästinensischen *Joint Water Committee* (JWC), das für jegliche Entscheidungen im Wassersektor zuständig ist.[100] Zu beachten ist hierbei, dass die übertragenen Kompetenzen nicht mit palästinensischer Souveränität über Wasserressourcen gleichgesetzt werden können und dass die Zusammenarbeit im Rahmen des *Joint Water Committee* nicht als Kooperation gleichberechtigter Partner ausgewiesen werden kann. Denn nach wie vor diktiert die Besetzungsmacht der palästinensischen Seite die Preise und Zuteilung der Wasserkontingente.[101]

---

98 Laut Angaben der Weltbank nützt Israel 90 % der Wasserressourcen des Westjordanlandes, wohingegen den Palästinensern lediglich 10 % zugestanden werden. Vgl. Chesnot, Christian, *Pénurie d'eau au Proche-Orient: un enjeu méconnu des négociations israélo-arabes*, in: Le Monde Diplomatique, 15. Februar 2000.

99 „Israel recognizes the Palestinian water rights in the West Bank. These will be negotiated in the permanent status negotiations and settled in the Permanent Status Agreement relating to the various water resources." Annex III Appendix 1 Art. 40 Abs. 1 IA.

100 Schedule 8 IA. Vgl. auch Schedule 9 bis 11 IA.

101 Vgl. Renger, Jochen, *The Middle East Peace Process: Obstacles to Cooperation over Shared Waters*, in: Scheumann, Waltina / Schiffler, Manuel (Hrsg.), *Water in the Middle East: Potential for Conflicts and Prospects for Cooperation*, Berlin/Heidelberg 1998, S. 48 f.
Der Wasserverteilungskonflikt ist unmittelbar mit der Frage nach der Rückkehr der palästinensischen Flüchtlinge verwoben. Denn die Aufnahmefähigkeit eines Palästinenserstaates wird auch vom Umfang seines Zugangs zu Wasser abhängig sein.

Wiederholt wurde durch israelische Behörden den Bewohnern der Autonomiegebiete – nicht allein Palästinensern, sondern in gleicher Weise etwa dort ansässigen Nichtregierungsorganisationen oder Auslandsvertretungen – die Wasserzufuhr verwehrt, wohingegen die jüdischen Siedlungen in Westbank und Gazastreifen von derartigen Maßnahmen verschont bleiben.[102] Nur in Ausnahmefällen genehmigen die israelischen Behörden der *Palestinian Authority* das Bohren neuer Brunnen in den Autonomiegebieten und darüber hinaus ist partiell ein Austrocknen der wenigen bestehenden, flacheren Brunnen der palästinensischen Gemeinden durch das Anlegen neuer Tiefbrunnen in benachbarten jüdischen Siedlungen im Westjordanland zu beklagen.[103]

Angesichts der signifikant ungleichen Wasserverteilung zuungunsten der Bevölkerung in den Autonomiegebieten [104] ist es interessant zu überprüfen, ob nicht ein Instrumentarium auf internationaler Ebene verfügbar ist, das derartige Verteilungskonflikte zu lösen hilft.

c. Völkerrechtliche Regelungen zur Wasserverteilung

In der Notwendigkeit, grenzüberschreitende Wasserressourcen teilen zu müssen, stehen Palästinenser, Israelis und Jordanier freilich keineswegs isoliert, sondern sie befinden sich in der gleichen Situation wie etwa die Hälfte der Weltbevölkerung.[105] Das Völkerrecht ist bemüht, in derartigen

---

102 Vgl. Bremer, Jörg, *„Entweder Krise oder Durchbruch": Ungeduld der Palästinenser*, in: FAZ, 29. Juni 2000.

103 Vgl. Schiffler, Manuel, *Konflikte um Wasser – ein Fallstrick für den Friedensprozeß im Nahen Osten ?*, in: Aus Politik und Zeitgeschichte, B 11 / 1995, 10. März 1995, S. 14.

104 Zahlreichen Reportagen sind Beurteilungen der Art "l'Etat hébreu exploite les eaux palestiniennes sans limite ni contrainte" zu entnehmen. Hier vgl. Chesnot, Christian, *Pénurie d'eau au Proche-Orient: un enjeu méconnu des négociations israélo-arabes*, in: Le Monde Diplomatique, 15. Februar 2000.

105 Vgl. Barandat, Jörg / Kaplan, Aytül, *International Water Law: Regulations for Cooperation and the Discussion of the International Water Convention*, in: Scheumann, Waltina / Schiffler, Manuel (Hrsg.), *Water in the Middle East:*

Problemlagen eine friedliche Streitbeilegung mittels eines Rahmenwerks zu erleichtern. In den *Helsinki Rules* der *International Law Association* von 1966 finden sich wichtige Standards wie etwa das Negieren jeglicher Absolutheitsansprüche von Ober- oder Unterliegern internationaler Wassersysteme, Gegenmaßnahmen bei der Verletzung der Interessen eines Staates, eine Informationspflicht bei Projekten gegenüber allen Flussanliegern, Datenaustausch und Kooperation. Diese Helsinki-Regeln dienten beispielsweise als Fundament der Vereinbarungen über eine Kooperation in Wasserangelegenheiten im israelisch-jordanischen Friedensvertrag von 1994 [106] und wurden hiermit von subsidiärem Völkerrecht zu echtem Völkervertragsrecht.

1997 verabschiedete die Generalversammlung der Vereinten Nationen eine *Convention on the Law of Non-navigational Uses of International Watercourses*, die in ihrem Teil II generelle Prinzipien wie

- „Equitable and reasonable utilization and participation" (Artikel 5),
- „Obligation not to cause significant harm" (Artikel 7),
- „General obligation to cooperate" (Artikel 8) oder auch
- „Regular exchange of data and information" (Artikel 9) aufstellt.[107]

Ausreichend Aufschluss über die Frage, welche Rechte Ober- und Unterlieger von internationalen Flussläufen nun besitzen, geben die bisherigen Prinzipienkataloge des Völkerrechts zwar nicht. Auch geht von ihnen keine rechtliche Bindungswirkung aus, sie sind als *Soft Law* [108] letztlich nicht durchsetzbar. Doch gerade dies kann insofern zum Vorteil gerei-

---

Potential for Conflicts and Prospects for Cooperation, Berlin/Heidelberg 1998, S. 14 f.

106 Vgl. aaO, S. 16 ff.

107 *Convention on the Law of the Non-navigational Uses of International Watercourses*, 8. Juli 1997, in: I.L.M., V. 36, 1997, S. 700-720, sowie abrufbar als Annex der GA-Res. 51/229 vom 8. Juli 1997 unter: http://www.un.org/ga/documents/gares51/ga51-229.htm.

108 Ausführlich zum Begriff des *Soft Law* vgl. Kimminich, Otto / Hobe, Stephan, *Einführung in das Völkerrecht*, Tübingen/Basel 2000, S. 192 ff.

chen, als an die vorgegebenen, ausreichend allgemein gehaltenen Minimalstandards angeknüpft werden kann, um sie mit einer Wasserdiplomatie und einem Wassermanagement zu ergänzen,[109] die den spezifischen Gegebenheiten der jeweiligen Region Rechnung tragen.[110]

d. Lösungsansätze für den Wasserkonflikt

Internationale Ebene

Um die knappen Wasserressourcen im Nahen Osten, die politische Grenzen überschreiten, optimal nutzen und gerecht verteilen zu können, bedarf es rein prinzipiell der Überwindung von absoluten Souveränitätsansprüchen der Oberlieger sowie von absoluten Integritätsansprüchen der Unterlieger. Denn geraten diese beiden Prinzipien in einen Rechtskonflikt, so wird sich letztlich schlichtweg das Recht des Stärkeren durchsetzen und somit keine Interessensaussöhnung zustande kommen.[111] Freilich ist vornehmliche Zielrichtung von Staaten die Aufrechterhaltung der vitalen nationalen Interessen. Wasserverteilungskonflikte erfordern hingegen gerade eine bereitwillige, vernunftgesteuerte Einschränkung der Souveränität von Nationalstaaten durch die Erkenntnis, dass internationale Solidarität letztlich zum eigenen Vorteil gereicht.[112]

---

109 *Wasserdiplomatie* sei hier verstanden als „die Kunst der gerechten Aufteilung grenzüberschreitender Wasserressourcen", *Wassermanagement* als „die Kunst, Angebot an und Nachfrage nach Wasser zu den geringstmöglichen ökonomischen und ökologischen Kosten in Übereinstimmung zu bringen". Schiffler, Manuel, *Konflikte um Wasser – ein Fallstrick für den Friedensprozeß im Nahen Osten ?*, in: Aus Politik und Zeitgeschichte, B 11 / 1995, 10. März 1995, S. 14 bzw. 16.

110 Vgl. Barandat, Jörg / Kaplan, Aytül, *International Water Law: Regulations for Cooperation and the Discussion of the International Water Convention*, in: Scheumann, Waltina / Schiffler, Manuel (Hrsg.), *Water in the Middle East: Potential for Conflicts and Prospects for Cooperation*, Berlin/Heidelberg 1998, S. 16 ff.

111 Vgl. aaO, S. 15 f.

112 Ausführlich zu den völkerrechtlichen Prinzipien der absoluten Souveränität, der absoluten Integrität sowie der Integrität und eingeschränkten Souveränität unter

Als ein erster Schritt in diese Richtung darf der Friedensvertrag zwischen Jordanien und Israel gewertet werden, da er Israels bedeutungsvolle Konzession zur Teilung der grenzüberschreitenden Wasserressourcen markiert. Dieser Vertrag besitzt Beispielcharakter und kann als Anknüpfungspunkt für ein regionales Wasserregime dienen.[113] Beigelegt werden kann dieser Verteilungskonflikt im Nahen Osten letztlich allerdings nur durch ein multilaterales Abkommen, das alle auf internationale Wassersysteme angewiesenen Staaten der Region sowie das palästinensische Volk – sei es staatlich, vorstaatlich oder noch nicht staatlich organisiert – als gleichberechtigte Partner mit einschließt. Die Übereinkunft sollte ferner in das Fundament der genannten völkerrechtlichen Prinzipien gebettet und schließlich durch Wasserdiplomatie und -management ergänzt werden.[114]

Der Verhandlungsrahmen hierfür ist bereits mit der Nahost-Friedenskonferenz von Madrid 1991 geschaffen worden, in deren Folgezeit seit Mai 1992 zwar mehrere Zusammenkünfte der Arbeitsgruppe Wasser stattgefunden haben, die bislang jedoch keinen Konsens über die Auftei-

---

Bezugnahme auf Wasserverteilungskonflikte vgl. Barandat, Jörg / Kaplan, Aytül, *International Water Law: Regulations for Cooperation and the Discussion of the International Water Convention*, in: Scheumann, Waltina / Schiffler, Manuel (Hrsg.), *Water in the Middle East: Potential for Conflicts and Prospects for Cooperation*, Berlin/Heidelberg 1998, S. 23 ff.

113 Vgl. Schiffler, Manuel, *Konflikte um Wasser – ein Fallstrick für den Friedensprozeß im Nahen Osten ?*, in: Aus Politik und Zeitgeschichte, B 11 / 1995, 10. März 1995, S. 15. Vgl. auch Elmusa, Sharif S., *The Jordan-Israel Water Agreement: A Model or an Exception ?*, in: Cotran, Eugene / Mallat, Chibli (Hrsg.), *The Arab-Israeli Accords: Legal Perspectives*, The Hague u.a. 1996, S. 199 ff.

114 Vgl. Chesnot, Christian, *Pénurie d'eau au Proche-Orient: un enjeu méconnu des négociations israélo-arabes*, in: Le Monde Diplomatique, 15. Februar 2000 und Renger, Jochen, *The Middle East Peace Process: Obstacles to Cooperation over Shared Waters*, in: Scheumann, Waltina / Schiffler, Manuel (Hrsg.), *Water in the Middle East: Potential for Conflicts and Prospects for Cooperation*, Berlin/Heidelberg 1998, S. 47 f.

lung der Wasserrechte im Jordanbecken herbeiführen konnten und an denen überdies Syrien und der Libanon gänzlich nicht partizipierten.[115]

Nationale Ebene

Doch bleibt es nicht allein dem Verhandlungsweg überlassen, der eklatanten Wasserknappheit vornehmlich der Palästinenser im Nahen Osten zu begegnen. Auch auf nationaler Ebene empfehlen sich Anstrengungen, um den Wasserkonsum zu reduzieren. Beispielsweise finden sich in der Landwirtschaft, für die Palästinenser wie Israelis und Jordanier 70 % ihres Wasserhaushalts verwenden, Einsparungspotentiale, sei es durch den Einsatz modernerer Technologien oder die Einschränkung des bewässerungsintensiven Anbaus sowie allgemein des Agrarsektors zugunsten der Industrie und des Dienstleistungsgewerbes. In Israel wirken einem derartigen Strukturwandel jedoch nicht nur die einflussreiche Landwirtschaftslobby entgegen, sondern ebenso in der israelischen Gesellschaft noch verankerte zionistische Attitüden, die auf das alte Ideal der Fruchtbarmachung der Wüste rekurrieren. Arabische Staaten hingegen sind auf einen hohen Grad an Autarkie bedacht, was diese Staaten unter Hinweis auf die politische Instabilität der Region und daraus resultierendem gegenseitigen Misstrauen rechtfertigen.[116]

Die asymmetrische Wasserverteilung im Jordanbecken, von der die *Palestinian Authority* am schärften betroffen ist, wäre also durchaus zu mildern. Solange allerdings politische Erwägungen wie Sicherheits- und Wohlstandswahrung, insbesondere in Israel, dominieren, ist kein Anlass zu Optimismus gegeben. Da Israel im Verlauf des Osloer Friedenspro-

---

115 Den Vorsitz der Arbeitsgruppe Wasser im Rahmen der multilateralen Verhandlungsschiene des Madrider Prozesses haben die USA inne, die Bundesrepublik Deutschland ist ebenfalls beteiligt. Vgl. Schiffler, Manuel, *Konflikte um Wasser – ein Fallstrick für den Friedensprozeß im Nahen Osten ?*, in: Aus Politik und Zeitgeschichte, B 11 / 1995, 10. März 1995, S. 14.

116 Vgl. Schiffler, Manuel, *Konflikte um Wasser – ein Fallstrick für den Friedensprozeß im Nahen Osten ?*, in: Aus Politik und Zeitgeschichte, B 11 / 1995, 10. März 1995, S.16 ff.

zesses ohnehin seine Interessen gegenüber der schwachen palästinensischen Verhandlungsposition weitgehend konsolidieren konnte, sieht es keine Dringlichkeit zu weiteren Konzessionen, etwa einer Erhöhung der Wasserrationen oder Genehmigungen von Brunnenbohrungen für die Bevölkerung in den autonomen Gebieten.[117]

E. Der Disput um Jerusalem

Die brisanteste Konfrontationslinie zwischen Israel und den Palästinensern, die die Konzentration der Verhandlungspartner vollständig zu absorbieren scheint, an der letztlich auch der jüngste Endstatusgipfel mit Jassir Arafat, Ehud Barak und Bill Clinton in Camp David im Juli 2000 scheiterten und auf die auch die jüngste Gewalteskalation seit September 2000 zurückgeht, ist die Jerusalemfrage.[118] Israelischer und palästinensischer Anspruch auf Jerusalem bzw. Ostjerusalem als Hauptstadt [119] prallen derzeit ohne jegliche Aussicht auf einen Kompromiss aufeinander.[120] Bevor der rechtliche Status der Stadt und verschiedene Lösungsoptionen vorgestellt werden, empfiehlt es sich, knapp die Bedeutung

---

117 Vgl. Renger, Jochen, *The Middle East Peace Process: Obstacles to Cooperation over Shared Waters*, in: Scheumann, Waltina / Schiffler, Manuel (Hrsg.), *Water in the Middle East: Potential for Conflicts and Prospects for Cooperation*, Berlin/Heidelberg 1998, S. 52 ff.

118 Bei der Lektüre der Ausführungen zu Jerusalem empfiehlt es sich, die Faltkarte ‚Abbildung 17' parallel ausgefaltet zu lassen.

119 Wird in Stellungnahmen der palästinensischen Seite zumeist Jerusalem, und nicht explizit Ostjerusalem als palästinensische Kapitale gefordert, so sollte dies nicht mit einem Anspruch auf das gesamte Stadtgebiet verwechselt werden. Vielmehr wird darunter die Altstadt und der Ostteil Jerusalems verstanden, im arabischen Sprachgebrauch *Al Quds*, ‚die Heilige'. (Abbildung 10). Vgl. Dachs, Gisela, *Kompromisse sind tabu: Aber dennoch wird darüber geredet. Denn im Konflikt um Jerusalem ist nahezu alles Psychologie*, in: Die Zeit, Nr. 42, 14. Oktober 1999.

120 Konzessionen bezüglich Jerusalems lehnen zwei Drittel der Israelis ab und eine Anerkennung ganz Jerusalems als israelische Hauptstadt verweigern die Palästinenser nahezu geschlossen (93,7 %). Meinungsumfragen von 1999, vgl. aaO.

Jerusalems darzustellen. Denn ohne diesen Kontext ist die Kompromisslosigkeit beider Konfliktparteien nicht nachvollziehbar.

a. Jerusalems Bedeutung für die Konfliktparteien

Die Bedeutung Jerusalems aus palästinensischer Perspektive ist nicht auf eine rein religiöse zu beschränken. In gleicher Weise gilt es zu berücksichtigen, dass Ostjerusalem mit 200.000 palästinensischen Einwohnern (von 634.000 Einwohnern in Jerusalem insgesamt) [121] die größte palästinensische Stadt der Autonomiegebiete und sogar des gesamten ehemaligen Mandatsgebiets Palästina ist. Nicht nur, dass hier die palästinensische Presse aufgrund weniger restriktiven Konditionen verglichen mit den besetzten Gebieten florieren konnte.[122] Aus Ostjerusalem rekrutiert sich überdies ein bedeutender Teil der palästinensischen politischen Elite.[123]

Allerdings rücken insbesondere religiöse und emotionale Aspekte in den Vordergrund der Diskussion, denn jede der großen monotheistischen Religionen betrachtet Jerusalem als heilige Stadt und misst bestimmten religiösen Stätten verschiedene Bedeutung bei. Als anschaulichstes Beispiel für die Überlappung heiliger Stätten dient der Ort, an dem Salomon seinen Tempel errichtete, für Juden ‚Berg Moriah', an dem ebenso Mohammed gen Himmel fuhr, für Muslime ‚Haram ash-Sharif', und an

---

121 Zahlen vgl. Woker, Martin, *Die Heilige Stadt in der Hand der Frommen: Jerusalems Altstadt und die Nähe zu Gott*, in: NZZ, Nr. 227, 29. September 2000, Kasten: *Festkrallen auf heiligem Boden.*

122 Vgl. Lustick, Ian S., *Zankapfel Jerusalem: Plädoyer für einen neuen Status*, in: Volle, Angelika / Weidenfeld, Werner (Hrsg.), *Frieden im Nahen Osten ? Chancen, Gefahren, Perspektiven*, Bonn 1997, S. 3 f. Dennoch besteht keine garantierte Pressefreiheit, sondern die palästinensische Presse, die in Ostjerusalem erscheint, unterliegt der israelischen Zensur. Vgl. Munzinger-Archiv/IH-Länder aktuell, Infobase Land, Land: Palästina, Kapitel: Politik.

123 Vgl. Rath, Ari, *Hier ist Irdisches und Himmlisches ganz nah beieinander: Jerusalem ist für alle da - Gegen den jüdisch-orthodoxen Alleinanspruch*, in: Das Parlament, Nr. 14, 27. März 1998, S. 14.

dem letztlich Jesus in der Synagoge lehrte, für Christen ‚Tempelberg'. Dieser ist für Muslime nach Mekka und Medina drittheiligste und für Juden allerheiligste Stätte und somit ein bedeutender Faktor der Identitätsstiftung für beide Religionen.[124] Ein eklatantes Konfliktpotential entsteht nun, indem mitunter Tausende von Jahren zurückgegriffen wird, um politische Ambitionen zu legitimieren und der Mythologie Vorrang vor Rationalität eingeräumt wird.[125]

b. Rechtlicher Status Jerusalems

Historischer Rückblick

Der Völkerbund hatte seinerzeit Jerusalem als integralen Bestandteil des Gebiets Palästina betrachtet, was sich daraus ableiten lässt, dass die Stadt nicht gesondert im Mandatsvertrag zwischen dem Völkerbund und Großbritannien als dem Mandatar erwähnt ist.[126] Durch die Ereignisse im Umfeld der israelischen Staatsgründung 1948 konnte eine Internationalisierung der Stadt, wie sie von den Vereinten Nationen in der Teilungsresolution 181 (II) von 1947 vorgesehen war (Abbildung 1 und 9),[127] nicht realisiert werden. Infolge der militärischen Aktionen um 1948 wurde Jerusalem zwischen Israel und Jordanien in einen West- und einen Ostteil einschließlich der Altstadt scharf getrennt. Nachdem bereits die Knesset, der Oberste Gerichtshof und die meisten Ministerien Israels (teilweise sogar noch vor Ende 1949) nach Westjeru-salem umgezogen

---

124 Vgl. Mallison, W. Thomas / Mallison, Sally V., *The Palestine Problem in International Law and World Order*, Harlow 1986, S. 207 ff.

125 Vgl. Rath, Ari, *Hier ist Irdisches und Himmlisches ganz nah beieinander: Jerusalem ist für alle da - Gegen den jüdisch-orthodoxen Alleinanspruch*, in: Das Parlament, Nr. 14, 27. März 1998, S. 14.

126 Zum historischen Hintergrund siehe oben, Kapitel 1, Fußnote 3.

127 Siehe hierzu auch unten, Kapitel 3, Punkt E. c. „Lösungsoptionen für die Jerusalemfrage".

waren, proklamierte Israel die eroberten etwa 84 % des damaligen Gemeindegebiets schließlich am 23. Januar 1953 als seine Hauptstadt.[128]

Wenn auch weder der Sicherheitsrat noch die Generalversammlung der Vereinten Nationen als Reaktion darauf Protest einlegten, so verweigerte doch die Staatenwelt nahezu geschlossen die Anerkennung Westjerusalems als israelischer Hauptstadt, ausgedrückt nicht zuletzt durch die Errichtung von Botschaften in Tel Aviv und nicht in Jerusalem.[129] Denn durch militärische Eroberung hatten einerseits weder Israel über den Westteil noch Jordanien über den Ostteil der Stadt 1948 die Souveränität erworben, und andererseits ebenso wenig Israel 1967 über den neuerworbenen Ostteil, auch wenn dieser von Jordanien zuvor unrechtmäßigerweise kontrolliert worden war.[130] Die Untätigkeit der Vereinten Nationen in dieser Angelegenheit zwischen 1952 und 1967 kann demzufolge nicht als implizite Einwilligung in einen Souveränitätserwerb,[131] sondern allenfalls in eine *de facto* Kontrolle von Jordanien und Israel über Jerusalem interpretiert werden.[132]

---

128 Vgl. Mallison, W. Thomas / Mallison, Sally V., *The Palestine Problem in International Law and World Order*, Harlow 1986, S. 210 ff.

129 Vgl. Cassese, Antonio, *Legal Considerations on the International Status of Jerusalem*, in: Köchler, Hans (Hrsg.), *The Legal Aspects of the Palestine Problem – With Special Regard to the Question of Jerusalem*, Wien 1981, S. 147 f.

130 "Sovereignty cannot be acquired through military conquest, even when the annexed territory was previously unlawfully controlled by another State." AaO, S. 146.

131 Bis heute erachtet die internationale Staatengemeinschaft Jerusalem als von Israel besetztes Gebiet, was etwa durch die wiederholt verwendete Formel „the occupation of Palestinian territory, including Jerusalem" deutlich wird. Aus jüngster Zeit hier exemplarisch für zahlreiche vorangegangene zitiert aus GA-Res. 54/42 vom 21. Januar 2000.

132 Vgl. Cassese, Antonio, *Legal Considerations on the International Status of Jerusalem*, in: Köchler, Hans (Hrsg.), *The Legal Aspects of the Palestine Problem – With Special Regard to the Question of Jerusalem*, Wien 1981, S. 147. Ein kurzer, prägnanter Überblick über den Status Jerusalems aus völkerrechtlicher Sicht bis zur israelischen Besetzung von 1967 vgl. Matarasso, Léo, *Le Statut de Jerusalem en droit international avant l'occupation totale de la ville par Israel, le 7 juin 1967*, in:

Gegenwärtiger Status

Die Eroberung Ostjerusalems durch Israel im Sechstagekrieg 1967 und die Unterstellung unter seine Jurisdiktion bedeuteten eine Statusänderung der Stadt, die den Gegenstand zahlreicher UN-Resolutionen nicht nur der Generalversammlung, sondern ebenso des Sicherheitsrats bildete. Darin wurden die israelischen Maßnahmen als ungültig erklärt und deren Aufhebung gefordert.[133]

Aus Westteil (38 km²) und Ostteil (6 km²) wiedervereinigt, umfasste Jerusalem seinerzeit 44 km², wurde jedoch, vornehmlich infolge israelischer Annexion von Gebieten der Westbank, um 70 km² und somit auf ein Zweieinhalbfaches erweitert. Hierdurch entstand das heutige sogenannte Großjerusalem (‚Greater Jerusalem'; Abbildung 10).[134] Anliegen dieser Strategie des Staates Israel war, die demographischen Verhältnisse in der Stadt zugunsten der Juden nachhaltig zu modifizieren.[135]

Als nun die *Knesset* am 30. Juli 1980 ein *Basic Law* für Jerusalem erließ, in dem die vereinigte Stadt als israelische Kapitale, über das Israel die alleinige Oberhoheit ausübe, deklariert wurde,[136] protestierten die Verein-

---

Köchler, Hans (Hrsg.), *The Legal Aspects of the Palestine Problem – With Special Regard to the Question of Jerusalem*, Wien 1981, S. 164-171.

133 SC-Res. 252 von 1968, SC-Res. 267 und 271 von 1969, SC-Res. 298 von 1971, GA-Res. 2253 und 2254 von 1967 sowie andere, die wiederum jeweils auf vorherige Resolutionen Bezug nehmen. Vgl. Mallison, W. Thomas / Mallison, Sally V., *The Palestine Problem in International Law and World Order*, Harlow 1986, S. 215 ff.

134 Die Bezeichnung ‚Greater Jerusalem' findet sich etwa in den *Basic Guidelines of the Government of Israel* vom 6. Juli 1999, abrufbar auf der Website des israelischen Außenministeriums unter: http://www.mfa.gov.il/mfa/.

135 Vgl. Woker, Martin, *Die Heilige Stadt in der Hand der Frommen: Jerusalems Altstadt und die Nähe zu Gott*, in: NZZ, Nr. 227, 29. September 2000, Kasten: *Festkrallen auf heiligem Boden.*

136 Das *Basic Law* für Jerusalem ist im Anhang abgedruckt.

ten Nationen scharf dagegen.[137] UN-Resolutionen wiesen das *Basic Law*, die Proklamation Gesamtjerusalems als Hauptstadt sowie jegliche Legislativ- und Verwaltungsakte zur Statusänderung der Stadt als völkerrechtswidrig aus und forderten deren Aufhebung. Als ein Beispiel seien hier die markantesten Passagen aus Resolution 478 zitiert, die der UN-Sicherheitsrat unmittelbar nach Erlass dieses *Basic Law* verabschiedet hatte:

> „The Security Council, ...
> 1. *Censures* in the strongest terms the enactment by Israel of the "basic law" on Jerusalem ...;
> 2. *Affirms* that the enactment of the "basic law" by Israel constitutes a violation of international law ...;
> 3. *Determines* that all legislative and administrative measures and actions taken by Israel, the occupying Power, which have altered or purport to alter the character and status of the Holy City of Jerusalem, and in particular the recent "basic law" on Jerusalem, are null and void and must be rescinded forthwith".[138]

Dass bestimmte Staaten [139] ihre Botschaften in Westjerusalem errichtet hatten, wurde von der Staatengemeinschaft mehrfach bedauert und als

---

137 Vgl. Lustick, Ian S., *Zankapfel Jerusalem: Plädoyer für einen neuen Status*, in: Volle, Angelika / Weidenfeld, Werner (Hrsg.), *Frieden im Nahen Osten ? Chancen, Gefahren, Perspektiven*, Bonn 1997, S. 3.

138 SC-Res. 478 vom 20. August 1980, unter: http://www.un.org/documents/sc/res/1980/scres80.htm. Gegen die Resolution stimmte seinerzeit kein Staat im UN-Sicherheitsrat. Auch die Vereinigten Staaten von Amerika legten nicht – wie aber in vielen anderen Fällen – ihr Veto ein, enthielten sich allerdings der Stimme. Vgl. auch SC-Res. 476 von 1980, GA-Res. 35/169 E von 1980, 36/120 E von 1981, und jüngeren Datums GA-Res. 51/27 von 1996, 52/53 von 1997, 53/37 von 1998 und schließlich 54/37 von 2000, die sämtliche vorangegangene seit 1981 nochmals erwähnt. Vgl. auch Mallison, W. Thomas / Mallison, Sally V., *The Palestine Problem in International Law and World Order*, Harlow 1986, S. 218 ff.

139 Laut einer Hintergrundreportage der Zeitschrift ‚The Economist' handelt es sich um Costa Rica und El Salvador. Vgl. *For Palestine, bring in Solomon: Israel and the*

völkerrechtswidrig verurteilt. Von diesen Staaten wurde wiederholt das Respektieren der betreffenden UN-Resolutionen gefordert sowie „to withdraw such missions from the Holy City".[140]

Jährlich seit 1981 stellt die Generalversammlung der Vereinten Nationen in einer Resolution, die auf all ihre vorangegangenen betreffend Jerusalem sowie auf die Sicherheitsrats-Resolution 478 Bezug nimmt, die Rechtslage klar und fordert deren Respektierung. Israel aber bekräftigt nach wie vor, nicht zuletzt in den Richtlinien der gegenwärtigen Regierung unter der Arbeitspartei,

> „Greater Jerusalem, the eternal capital of Israel, will remain united and complete under the sovereignty of Israel".[141]

Über die islamischen heiligen Stätten auf dem Tempelberg (Abbildung 10) reklamiert Israel indes bis heute keine Kontrolle, sondern übergab sie an die *Wakf*, die islamische Verwaltungsbehörde.[142]

Palestinians are getting nowhere in their pursuit of peace, in: The Economist, 27. Mai 2000, S. 23.

140 SC-Res. 478 von 1980 und für viele andere Resolutionen, die die Generalversammlung seit 1981 jährlich wiederholt: GA-Res. 54/37 von 2000, abgedruckt im Anhang.

141 *Basic Guidelines of the Government of Israel,* Jerusalem, 6. Juli 1999, abrufbar auf der Website des israelischen Außenministeriums unter: http://www.mfa.gov.il/mfa/. Die deutsche, nicht autorisierte Version der *Regierungsrichtlinien der Regierung des Staates Israel*, vom Juli 1999, unter: http://www.israel.de/botschaft/Regierungsrichtlinien.html. Dieser Anspruch auf Großjerusalem gilt als nationaler Konsens, als einer der wenigen Punkte, in denen sich die israelische Gesellschaft, im übrigen von tiefen Fragmentationslinien und Antagonismen durchwoben, weitgehend einig ist. Ausführlich zur innergesellschaftlichen Situation in Israel vgl. Schneider, Chaim Richard, *Israel am Wendepunkt: Von der Demokratie zum Fundamentalismus ?*, München 1998.

142 Vgl. *The Temple Mount is not in our hands*, in: Ha'aretz – English Edition, unter: http://www.haaretz.il und Szpiro, George, *Sharons provokanter "Spaziergang" auf dem Tempelberg*, in: NZZ, Nr. 227, 29. September 2000.

c. Lösungsoptionen für die Jerusalemfrage

corpus separatum - Konzeption der Vereinten Nationen

Der hohen Komplexität der Jerusalemfrage Rechnung tragend, konzipierten die Vereinten Nationen bereits in ihrer Resolution 181 (II) von 1947 zur Teilung des Mandatsgebiets Palästina für Jerusalem ein *corpus separatum* - Modell (Abbildung 1 und 9). Denn die Stadt sollte weder dem jüdischen noch dem arabisch-palästinensischen Staat zugesprochen werden, sondern internationalisiert und einer UN-Verwaltung unterstellt werden.[143] Bezüglich der rechtlichen Bindungswirkung dieser Resolution der UN-Generalversammlung ist anzumerken, dass,

> „since the General Assembly had special powers on mandated territories, its recommendations bore more weight than any ordinary Assembly resolution".[144]

Eine Implementierung dieses Modells blieb dennoch aus, da kein Konsens darüber unter allen Betroffenen erzielt worden war.[145] Gleichwohl verwarf die Generalversammlung es formell in der Folgezeit nicht – auch nicht angesichts der wechselnden Kontrolle über die Stadt seit Verabschiedung der Teilungsresolution.[146]

---

143 Die internationale Zone Jerusalem sollte sich über 0,5 % des Mandatsgebiets Palästina mit je etwa 100.000 arabischen und jüdischen Bewohnern erstrecken. GA-Res. 181 (II) Teil III (Stadtbezirk von Jerusalem) von 1947. Vgl. Khalidi, Walid, *Revisiting the UNGA Partition Resolution*, in: J.P.S. XXVII, no. 1 (Autumn 1997), S. 11.

144 Cassese, Antonio, *Legal Considerations on the International Status of Jerusalem*, in: Köchler, Hans (Hrsg.), *The Legal Aspects of the Palestine Problem – With Special Regard to the Question of Jerusalem*, Wien 1981, S. 145.

145 Dem Völkerbund hingegen war 1919 die Internationalisierung Danzigs gelungen, nachdem die Stadt weder dem Deutschen Reich noch Polen zugesprochen werden sollte. Vgl. Seidl-Hohenveldern, Ignaz, *Völkerrecht*, Köln u.a. 1997, S. 173 Rz. 742.

146 Vgl. Cassese, Antonio, *Legal Considerations on the International Status of Jerusalem*, in: Köchler, Hans (Hrsg.), *The Legal Aspects of the Palestine Problem – With Special Regard to the Question of Jerusalem*, Wien 1981, S. 146. Auch die

Wie die bisherigen Ausführungen verdeutlichten, finden sich in den Fragen über den Endstatus zwischen Israelis und Palästinensern schwerlich konsensfähige Punkte. Als ein solcher gilt hingegen die beiderseitige Zurückweisung einer Internationalisierung Jerusalems.[147]

Teilung der Stadt zwischen Israel und einem Palästinenserstaat

Nicht nur in der Literatur mehrfach diskutiert, sondern auch von palästinensischer Seite gefordert wird eine Teilung Jerusalems in einen jüdischen West- und einen palästinensischen Ostteil, die sodann jeweils als Hauptstadt dienen sollen. Ein Rückfall in Zustände zwischen dem Unabhängigkeitskrieg 1948 und dem Sechstagekrieg 1967, als eine streng bewachte Mauer und Stacheldrahtanbringungen den israelischen West- und den jordanischen Ostteil der Stadt scharf voneinander separierten,[148] ist freilich Verhandlungsziel keiner der beiden Parteien. Palästinensische Aspirationen zielen vielmehr auf ein offenes Jerusalem mit freiem Zugang zu den heiligen Stätten und mit Sitz beider Regierungen.

Für das Abtreten Ostjerusalems an die Palästinenser könnte im Gegenzug die völkerrechtliche Anerkennung Westjerusalems als israelischer Hauptstadt angeboten und somit die von Israel bislang unrechtmäßig beanspruchte Souveränität über diesen Stadtteil legitimiert werden.[149] Diese Legitimierung wird auch als eines der Uranliegen des Staates Israel in

offizielle Position der Europäischen Union und des Vatikans in der Jerusalemfrage hält weiterhin am *corpus separatum* - Modell fest. Vgl. Dachs, Gisela, *Kompromisse sind tabu: Aber dennoch wird darüber geredet. Denn im Konflikt um Jerusalem ist nahezu alles Psychologie*, in: Die Zeit, Nr. 42, 14. Oktober 1999.

147 Vgl. Dachs, Gisela, *Kompromisse sind tabu: Aber dennoch wird darüber geredet. Denn im Konflikt um Jerusalem ist nahezu alles Psychologie*, in: Die Zeit, Nr. 42, 14. Oktober 1999.

148 Vgl. Mallison, Sally V. / Mallison, W. Thomas, *The Jerusalem Problem in public international law: Juridical Status and a start towards solution*, in: Köchler, Hans (Hrsg.), *The Legal Aspects of the Palestine Problem – With Special Regard to the Question of Jerusalem*, Wien 1981, S. 108 f.

149 Siehe vorangegangenen Punkt E. b. „Der rechtliche Status Jerusalems".

den Verhandlungen und als eine der wohl bedeutendsten Früchte, die Israel im Zuge des Einigungsprozesses ernten könnte, ausgewiesen.[150]

Unterteilung des Tempelbergs in verschiedene Souveränitätszonen

Um Ostjerusalem einschließlich der Altstadt jedoch nicht in seiner Gesamtheit an die Palästinenser zu übergeben, legte Israel zwischenzeitlich eine Konzeption vor, die lediglich den Tempelberg umfasst und der gemäß dieses nur 70 Hektar umfassende Areal [151] (Abbildung 10) in verschiedene Souveränitätszonen mit jeweils spezifischen Vorschriften unterteilt werden soll. Die palästinensische Autonomiebehörde erhielte demnach Souveränität über die beiden Moscheen, *Al Aksa* und Felsendom, sowie über den sie umgebenden Platz, Israel hingegen über tiefer gelegene Schichten, in denen jüdische Heiligtümer vermutet werden.[152]

d. Alternativen zu Ostjerusalem als palästinensischer Hauptstadt ?

Aufgrund der verkrusteten Verhandlungspositionen muss als ein weiteres Szenario auch in Betracht gezogen werden, dass eine Regelung der Jerusalemfrage erneut hinausgeschoben wird, um die Konzentration wieder vermehrt auf die anderen verbleibenden Kernfragen zu orientieren. In diesem Fall bliebe Jerusalem weiterhin unter – wenn auch nicht international anerkannter – israelischer Kontrolle und der Palästinenserstaat vorerst ohne Hauptstadt. Insofern stellt sich die Frage nach Alternativen zu Ostjerusalem als palästinensischer Kapitale.

Bautätigkeiten für ein neues, vergrößertes Parlamentsgebäude des *Palestinian Council* in Abu Dis, einem an Jerusalem im Osten angrenzen-

---

150 Vgl. Kocher, Victor, *Jerusalem – Nadelöhr zum Nahostfrieden: Sich ausschliessende Souveränitätsansprüche*, in: NZZ, Nr. 210, 9./10. September 2000.

151 Vgl. Badde, Paul, *In Jerusalem treffen unvereinbare Ansprüche aufeinander: Drei Heiligtümer der Welt auf einem Platz vereint*, in: Die Welt, 19. Juli 2000.

152 Vgl. Benn, Aluf / Horowitz, Nitzan, *Israel wants sovereignty below Mount*, in: Ha'aretz, 14. September 2000.

den Vorort, der erst im Mai 2000 der *Palestinian Authority* vollständig überantwortet wurde,[153] ließen Vermutungen aufkommen, dieser palästinensische Vorort könne als zukünftige palästinensische Hauptstadt konsensfähig sein. Dennoch war die Übergabe von Abu Dis an die PA im Mai 2000 von erheblichen Protestaktionen israelischer Gegner begleitet, die sich in ihrem Sicherheitsbedürfnis verletzt fühlen, da das Siedlungsgebiet dieser palästinensischen Ortschaft un-mittelbar an das Jerusalems angrenzt.[154] Die geographische Nähe vermag allerdings auch nicht darüber hinwegzutäuschen, dass es sich lediglich um einen Vorort der diskutierten Stadt handelt.[155]

Allerdings könnte dieser Vorort als Hauptstadt und Sitz der palästinensischen Selbstregierung für einen erneut anberaumten Interimszeitraum dienen, der für weitere vertrauensbildende Maßnahmen und die Aushandlung eines Endstatus für Jerusalem genutzt werden sollte. Insofern diese Phase der Annäherung die gewünschte oder zumindest eine sichtbare Effektivität aufweist, böten sich schließlich die Alternativen der – wenn auch nur partiellen oder sukzessiven – Überantwortung Ostjerusalems an die Palästinenser oder die Eingemeindung von Abu Dis in das Jerusalemer Stadtgebiet.[156]

In erschreckender Deutlichkeit führte allerdings die jüngste Gewalteruption in den Palästinensergebieten und Israel vor Augen, dass Palästinenser in der Jerusalemfrage zu keinerlei Konzessionen oder Alternativ-

---

153 Unter vollständiger Überantwortung ist eine Statusänderung von *Zone B* (lediglich Zivilverwaltung) nach *Zone A* (vollständige Kontrolle der PA) zu verstehen (siehe hierzu oben, Kapitel 2, Punkt C. a. „Territoriale Fragmentierung durch Kompetenzabstufung"). Vgl. *Knesset Oks transfer of Abu Dis: MKs vote 56-48 to handover*, in: Ha'aretz, Vol. 78, 16. Mai 2000.

154 Davon konnte sich die Verfasserin im Mai 2000 vor Ort selbst überzeugen.

155 „Das staubige Abu Dis ist nicht das goldene Jerusalem", so der Leitartikel in der Zeitung ‚Die Welt' von Stürmer, Michael, *Frieden in letzter Minute*, in: Die Welt, 14. Juni 2000.

156 Vgl. Grossbongardt, Annette, *Gipfel des Konflikts*, in: Der Spiegel, Nr. 29 / 2000, S. 127.

konzepten, im Ernstfall jedoch zu gewaltsamer Konfrontation bereit sind, um ihren Anspruch auf *Al Quds* (arabisch: die Heilige; Bezeichnung Jerusalems im arabischen Sprachgebrauch) zu zementieren.

F. Fazit: Staatswerdung durch bilateralen Konsens, nicht unilaterale palästinensische Proklamation

Mehrfach waren, wie eingangs erwähnt, Fristen zur Beendigung der Interimsphase und zur Einigung über den endgültigen Status des palästinensischen Gemeinwesens anberaumt worden. Im unmittelbaren Vorfeld eines jeden dieser Daten kündigte die palästinensische Seite nachdrücklich an, sodann einen unabhängigen und souveränen Palästinenserstaat ausrufen zu wollen. Von israelischer Seite indes verlautete stets, dass eine unilaterale Proklamation der Vorwegnahme eines auf Verhandlungsbasis zu erreichenden Endstatus und somit einem Vertragsbruch gleichkäme. Denn im Osloer Vertragswerk legten sich die Konfliktparteien die Verpflichtung auf, eben durch Verhandlungen zu einem Endstatus zu gelangen.[157]

Eine unilaterale Staatsproklamation durch den *Ra'ees* der *Palestinian Authority*, Jassir Arafat, ist bisher allerdings nicht erfolgt, sei es aus Rücksichtnahme auf die israelischen Wahlen im Mai 1999 oder infolge internationaler Einwirkung, die Arafat zwar der Solidarität für das Anliegen des palästinensischen Volkes versicherte, doch dringlich eine Verschiebung des Proklamationsaktes und die Rückkehr an den Verhandlungstisch nahe legte.[158] Denn eine vorzeitige Staatsproklamation von palästinensischer Seite vermag letztlich die faktischen Gegebenheiten – Unklarheit in der Grenz- und Hauptstadtfrage, über die Zukunft der jüdischen Siedlungen und der palästinensischen Flüchtlinge sowie der unzureichende Zugang zu Wasser – freilich auch nicht schlagartig zu

---

[157] Art. XXXI Abs. 6 und 7 IA.

[158] Vgl. beispielsweise *Russischer Dämpfer für Arafat: Moskau warnt vor übereilter Ausrufung der Staats Palästina*, in: NZZ, Nr. 186, 12./13. August 2000 sowie NZZ, Nr. 188, 15. August 2000 und NZZ, Nr. 190, 17. August 2000.

entschärfen. Vielmehr ist, wie dieses Kapitel zeigte, von Palästinensern und Israelis noch eine stachlige Verhandlungsstrecke zu bestreiten, bestenfalls unter internationaler Schirmherrschaft und Mediation,[159] um zu Lösungen für einen endgültigen Status des palästinensischen Gemeinwesens zu gelangen.

Was lässt sich nun abschließend aufgrund der gewonnen Erkenntnissen dieser Untersuchung konstatieren und welcher Blick in die Zukunft bietet sich uns ? Fassen wir hierfür in einer Schlussbetrachtung die Ergebnisse zusammen und schließen wir mit einem Ausblick.

---

159 Mediation als Beitrag zur Konfliktlösung ist theoretisch abgehandelt beispielsweise bei: Kleiboer, Marieke, *Understanding Success and Failure of International Mediation*, in: Journal of Conflict Resolution, Vol. 40 No. 2, June 1996, S. 360-389 und Regan, Patrick M., *Conditions of Successful Third-Party Intervention in Intrastate Conflicts*, in: Journal of Conflict Resolution, Vol. 40 No. 2, June 1996, S. 336-359.

„So klein dieser Landstrich ist,
den wir Palästina nennen,
ein Nichts auf dem Globus,
er hat Platz für zwei Staaten,
wie er Platz für viele Kulturen hat.
Das setzt voraus, dass die Palästinenser
den jüdischen Staat anerkennen
und die Juden den palästinensischen.
Mit Jerusalem als beider Hauptstadt,
aber dennoch ungetrennt.“ [1]

A. Zusammenfassung

Anfang der 1990er Jahre wurde ein Friedensprozess zwischen Israel und den Palästinensern eingeleitet, der in der Zwischenzeit mehrfach scharf kritisiert worden ist – von israelischen Falken ebenso wie von palästinensischen Extremisten, Oppositionsparteien, Intellektuellen aber auch von externen Akteuren. Nicht grundlos war der Begriff Friedensprozess des öfteren in der medialen Berichterstattung in Anführungszeichen gesetzt. Denn in den bisherigen Jahren galt es Strecken der Stagnation zu überstehen, die deutlich vor Augen führten, dass sich die Staatenwelt auf einen langwierigen Prozess einzustellen hat, in dem zügige Verhandlungs- und Vermittlungserfolge nicht erwartet werden können.

Errungenschaften des Osloer Friedensprozesses

Gleichwohl durften im Zuge des Einigungsprozesses auch Früchte geerntet werden. Knapp 30 Jahre nach ihrer Gründung wurde die PLO als politische Vertretung des palästinensischen Volkes von Israel anerkannt und als Verhandlungspartnerin akzeptiert. Die Vertreter beider Völker handelten Rahmenabkommen aus, die schrittweise über mehrere Durchführungsabkommen implementiert werden sollten. Gegenseitig anerkannten die Konfliktparteien ihre legitimen und politischen Rechte und

1 Friedrich Dürenmatt, *Essay über Israel*, 1976.

verbrieften in den Osloer Abkommen friedliche Koexistenz und das Streben nach einem gerechten, dauerhaften und umfassenden Frieden als zukünfige Leitprinzipien. Israel und die PLO in Vertretung des palästinensischen Volkes einigten sich auf eine Art Gegengeschäft als Grundlogik ihres künftigen Verhältnisses: ‚Land gegen Frieden'. Während sich die PLO zu Gewaltverzicht und Gewaltbekämpfung verpflichtete, erklärte sich die israelische im Gegenzug zu Truppenumgruppierung und Truppenrückzug aus besetzten Gebieten bereit.

So wurde in Teilen der von Israel 1967 besetzten Gebiete eine palästinensische Autonomie errichtet und ausgebaut, um das Selbstbestimmungsrecht des palästinensischen Volkes – zumindest partiell – zu verwirklichen. Ein palästinensisches Regierungs- und Institutionengefüge bildete sich heraus, das die tatsächliche und effektive Herrschaft in den Autonomiegebieten übernahm. Es besteht aus einem Parlament, *Palestinian Council*, das sich aus demokratisch legitimierten Volksvertretern zusammensetzt, aus einer Exekutivbehörde mit ihrem Vorsitzenden, *Ra'ees*, aus Ministerien und weiteren Verwaltungsbehörden, eigenen Gesetzen und Vorschriften sowie aus einem Polizeiapparat zur Sicherung und Durchsetzung der errichteten Herrschaft.

Bremsen für die palästinensische Staatswerdung

Funktional und territorial unterliegt die palästinensische Selbstregierung allerdings nach wie vor signifikanten Einschränkungen, die die Staatsbildung in erheblichem Maße beeinträchtigen. Der *Palestinian Authority* stehen etwa keine Kompetenzen im Außensicherheitsbereich zu, nachdem sich Israel die Sicherung der Grenzen zu Ägypten und Jordanien sowie der Luft- und Seewege vorbehält. Auch im Bereich der Inneren Sicherheit ist die Verfügungsgewalt der palästinensischen Polizei durch Israel eingeschränkt.

Besonders einschneidend ist, dass laut Osloer Vertragswerk der palästinensischen Interimsregierung Außenbeziehungen untersagt werden, wozu auch die Errichtung von Konsulaten und Botschaften zählt. Zwar kann in sehr begrenztem Maße die PLO in Vertretung der PA außenpolitische Befugnisse wahrnehmen. Dennoch erfüllt das palästinensische Gemeinwesen hierdurch ein entscheidendes Staatlichkeitskriterium (noch) nicht, das sich laut Art. 1 der Montevideo-Konvention von 1933 zu den bekannten drei Elementen hinzufügt.

Als eklatante Bremse für die palästinensische Staatswerdung erweist sich letztlich Israels Abriegelungspolitik gegenüber den Autonomiegebieten. Die territoriale Fragmentierung der Autonomiegebiete in die zwei Teile Westbank und Gazastreifen sowie in die Zonen A, B und C ermöglicht Israel eine gezielte und schockartige Abriegelung nicht nur nach außen sondern auch im Inneren. Wenngleich Israel seine Abriegelungspraktiken aus nationalen Sicherheitsinteressen oder als (Gegen-)Repressalie rechtfertigt, so resultieren daraus doch eklatante soziale und ökonomische Irritationen, die die Aufbaubemühungen der internationalen Gebergemeinschaft empfindlich konterkarieren.

Aber nicht allein das angespannte, konfrontative Verhältnis zu Israel lähmt die Staatswerdung drastisch, sondern auch im Inneren der palästinensischen Autonomiebehörde sind noch – wie dargestellt – erhebliche Leistungen zu erbringen, um Missstände zu beseitigen.

So kann das palästinensische Gemeinwesen letztlich zwar als Staat *in statu nascendi*, nach wie vor aber nicht als souveräner Staat im Sinne des Völkerrechts qualifiziert werden. Über das Defizit an voller Souveränität und ökonomischer Überlebensfähigkeit hinwegtäuschen können auch nicht die vielfältigen Symbole von Staatlichkeit wie eine eigene Flagge und Hymne, ein internationaler Flughafen und eine nationale Fluggesellschaft, eigene Pässe, Nummernschilder und Briefmarken bis hin zu einem separaten Telekommunikationssystem.

Doch könnte palästinensische Eigenstaatlichkeit schließlich in einem Vertrag über den endgültigen Status zwischen dem Staat Israel und dem palästinensischen Volk verbrieft werden. Dieser kann indes erst nach Aushandlung aller noch ungelösten Kernfragen des bilateralen Verhältnisses zustande kommen. So absorbieren die Zukunft der palästinensischen Flüchtlinge und der jüdischen Siedlungen, die Grenzen und

Wasserressourcen eines künftigen Palästinenserstaates sowie der Status Jerusalems die Aufmerksamkeit der Konfliktparteien vollständig. Sie sind für Palästinenser wie auch Israelis emotional und religiös außerordentlich stark geladen und somit von einer empfindlichen Brisanz, die bisher eine umfassende Lösung stets zu verhindern wusste.

Auf völkerrechtlicher Basis lassen sich indes Ansprüche und Aspirationen der Konfliktparteien klar bewerten. Mehrfach von Seiten des Sicherheitsrates und regelmäßig durch die Generalversammlung der Vereinten Nationen wird bezüglich der Palästinenserfrage die Völkerrechtslage klargestellt und die Einhaltung völkerrechtlicher Normen eingefordert. Dennoch war es – selbst bei intensiver Pendeldiplomatie von amerikanischer Seite – bisher nicht möglich, einen Konsens in allen noch bestehenden Konfliktpunkten zu erzielen. Als Konsequenz musste das Mandat für die palästinensische Interimsregierung kurzerhand verlängert werden, das in den Osloer Vereinbarungen ursprünglich auf fünf Jahre und somit von Mai 1994 bis Mai 1999 befristet war. Auch die Proklamation eines unabhängigen und souveränen Palästinenserstaates musste wieder und wieder verschoben werden.

Nicht dass in der Zwischenzeit keine Anstrengungen zur Aushandlung und Vermittlung in der Frage des Endstatus des palästinensischen Gemeinwesens unternommen worden wären. Vielmehr bemühten sich palästinensische und israelische Unterhändler intensiv im aufreibenden Positionsannäherungsprozess; auch hoch- und höchstrangige Politiker fanden zu Gipfeltreffen und Verhandlungsmarathons zusammen. Wiederholt wurde die Weltöffentlichkeit allerdings in ihrem tiefen Wunsch nach einem Friedensschluss zwischen den Völkern des Nahen Ostens desillusioniert.

Weithin kritisiert wurde erst das Scheitern der Endstatusgespräche zwischen dem seinerzeitigen israelischen Premierminister, Ehud Barak, und dem PLO-Vorsitzenden und *Ra'ees*, Jassir Arafat, in Camp David im Juli 2000. Positiv zu bewerten gilt es jedoch, dass die sensibelsten Konfrontationslinien wenn auch nicht aufgebrochen, so doch nahezu wie selbstverständlich als Tagesordnungspunkte erhoben und offen diskutiert wurden. Allmählich aber doch stetig zeichnete sich sogar in der israelischen Öffentlichkeit – nicht nur unter Friedensaktivisten [2] und moderaten Linksparteien – ein zunehmendes Brüchigwerden des nationalen Konsenses der Ablehnung eines Palästinenserstaates ab.[3] Die Gemächlichkeit, mit der positive Tendenzen in der Palästinenserfrage vonstatten gehen, schürt allerdings die Frustration des palästinensischen Volkes, deren Explosion am 28. September 2000 zusammen mit den gewaltsamen Unruhen in der Folgezeit die Weltöffentlichkeit aufschreckte.

Um ein weiteres Mal führte diese schockartige und anhaltende Gewalteskalation infolge des 28. Septembers 2000 der Staatenwelt vor Augen, dass – ungeachtet all der israelisch-palästinensischen Bekräftigungen, nicht selten in völkerrechtlichen Verträgen, am Friedensdialog und der gemeinsamen Konfliktbearbeitung festzuhalten – die beiden Völker aus eigener Kraft eine Einigung über den Endstatus des palästinensischen Gemeinwesens nicht erzielen und somit zu einem endgültigen Friedensvertrag nicht gelangen werden. Zu tief verwurzelt sitzen Ressentiments bis hin zu bitterer Feindschaft, die in Erfahrungen aus der an Leid überlasteten Geschichte der beiden Völker begründet liegen und die durch Emotionalisierung und Mystifizierung künstlich und unerfreulicherweise durchaus ‚erfolgreich' gepflegt und an kommende Generationen weitervererbt werden.

B. Ausblick

Endstatusvertrag I und II ?

Um ein Zeichen zu setzen, dass es Israel wie der PLO dennoch ein ernsthaftes Anliegen ist, ihrer vertraglichen Verpflichtung zur Aushandlung eines Endstatus des palästinensischen Gemeinwesens nachzukommen,

---

2 Internetadressen verschiedener Organisationen siehe Quellenverzeichnis.

3 Vgl. Bernstein, Reiner, *Der souveräne Staat Palästina läßt auf sich warten: Auftrieb für binationale und föderative Konzepte nach dem Scheitern von Camp David ?*, in: FAZ, Nr. 178, 3. August 2000.

wäre folgendes Szenario denkbar: Bei der Untersuchung der noch ungelösten Kernprobleme zeigte sich, dass die Verhandlungen in den einzelnen Punkten mit verschiedenen Geschwindigkeiten vorangeschritten sind.

Einerseits konnte in der Flüchtlingsfrage bereits über den zahlenmäßigen Umfang einer Rückkehr – wenn auch nicht auf israelisches Staatsterritorium, so zumindest in palästinensische Gebiete – diskutiert werden. Auch bezüglich der Zukunft der jüdischen Siedler zeichnete sich streckenweise Israels Bereitschaft zu einem partiellen Aufgeben von Siedlungen ab.

Allerdings kann über die territorialen Grenzen eines Palästinenserstaates nach dem gegenwärtigen Verhandlungsstand (Juli 2001) noch keinerlei zuverlässige Aussage getroffen werden. Weiter in der Schwebe liegt ferner der künftige Status Jerusalems in der Zukunft und hiermit verbunden, welche Hauptstadt der Palästinenserstaat und wann er eine solche bekommen wird.

Als Verschmelzung aus Wünschenswertem und Machbarem wäre demnach ein denkbares Szenario, in einem zeitlich vorgezogenem ersten Teil eines Endstatusvertrages die eher konsensfähigen Kernpunkte zu regeln und mit der Implementierung der in diesem Endstatusvertrag I getroffenen Vereinbarungen unverzüglich zu beginnen. Ein solcher Schritt könnte eine Beruhigung der nervösen und gewaltbereiten Atmosphäre in den Palästinensergebieten nachhaltig erwirken. Diese Phase sollte sodann zur Aushandlung des Endstatusvertrages II genutzt werden, wobei davon profitiert werden könnte, dass die Verhandlungsmasse nun deutlich um die schon vertraglich beigelegten Streitfelder reduziert wäre. Ohne kluges, bedeutendes internationales Engagement ist eine weitere Annäherung zwischen Israel und den Palästinensern angesichts des rasant und fundamental vergifteten politischen Klimas jedoch kaum zu erwarten.

Die Unentbehrlichkeit internationaler Mediation

Freilich stellt die Einsicht, dass internationale Mediation unentbehrlich ist, um zu einem israelisch-palästinensischen Interessensausgleich zu gelangen, kein neues Phänomen dar. Seit Jahrzehnten suchten externe Akteure, vornehmlich die Vereinigten Staaten von Amerika etwa mittels Pendeldiplomatie ihrer Außenminister, durch Vermittlungsdienste eine Einigung oder zumindest Fortschritte zu erzielen, teils gänzlich ohne, teils mit epochalem Erfolg.

So gelang es 1991 unter amerikanischer und sowjetischer Schirmherrschaft die Konfliktparteien des Nahen Ostens zu ihrer Teilnahme an einer Friedenskonferenz in Madrid zu überzeugen, an die im Anschluss der Madrider Nahost-Friedensprozess und ab 1993 der Osloer Friedensprozess zwischen Israel und der PLO anknüpfte. Das Zustandekommen des letzteren ist intensiver, geheimer Vermittlungstätigkeit Norwegens zu verdanken, die schließlich 1993 in der Aushandlung der *Declaration of Principles* mündete. Dieser völkerrechtliche Vertrag legte damals den Grundstein für die Verwirklichung des Selbstbestimmungsrechts des palästinensischen Volkes.

Um dieses ganzheitlich umzusetzen und somit die israelisch-palästinensische Konfrontation zu einem Abschluss – zumindest auf rechtlichem Niveau – zu bringen, ist weiterhin intensivstes Engagement externer Akteure unablässig. In der Literatur und in der Weltöffentlichkeit wird diesbezüglich ein Forderungskatalog über Arten des Intervenierens diskutiert, der sich von einer sofortigen Anerkennung eines Palästinenserstaates auch im Falle einer vorzeitigen palästinensischen, nicht mit Israel konsensfähigen Staatsproklamation bis hin zu einem Boykott der Europäischen Union von israelischen Waren aus den besetzten Gebieten [4] oder dem Ergreifen des verfügbaren, auch gewaltsamen Sanktions-

---

4 Vgl. Asseburg, Muriel, *Palästina auf dem Weg zum Staat: Determinanten, Entwicklungen, Szenarien*, Ebenhausen bei München 1999, S. 115 ff.

instrumentariums der Vereinten Nationen gegenüber Israel erstreckt.[5] Ob von externer Seite derart interveniert werden sollte, gilt es bis in jegliches Detail zu durchdenken in Anbetracht der Unberechenbarkeit der Konfliktparteien und somit der politischen Verhältnisse in der Westbank, dem Gazastreifen und in Israel selbst, sowie im weiteren Sinne in der Gesamtregion Nahost.

Die Vermittler im Nahen Osten

Ein Engagement in Form von Mediation hingegen ist unbestreitbar erforderlich und von den Beteiligten auch erbeten.[6] Freilich ist der Einsatz – besonders eine intensive Pendeldiplomatie – für die Vermittler aufreibend und angesichts der wiederholten Fruchtlosigkeit desillusionierend. Ihm ist folglich hoher Respekt abzuzollen, der auch durch die Tatsache kaum gemindert werden kann, dass die Vermittler einkalkulieren, durch eine Lösung der Palästinenserfrage ebenso eigene Früchte ernten zu können.

So ist der unverzügliche Einsatz des ägyptischen Präsidenten Hosni Mubarak und des jordanischen Königs Abdullah zur Minderung der anhaltenden Gewaltexzesse in Westjordanland, Gazastreifen und Israel seit September 2000 zugleich vor dem Hintergrund zu erklären, dass Solidaritätsbekundungen des eigenen Staatsvolkes mit den Palästinensern in Form von Massendemonstrationen oder eine empfindliche Unruhe in den palästinensischen Flüchtlingslagern in der Diaspora ein gravierendes Destabilisierungspotential für die nationale Sicherheit dieser Staaten bedeuten.[7]

---

5 Vgl. Mallison, W. Thomas / Mallison, Sally V., *The Palestine Problem in International Law and World Order*, Harlow 1986, S. 419 ff.

6 Vgl. „Wir waren der Lösung so nah", Interview mit dem jordanischen König Abdullah II., in: Der Spiegel, Nr. 23 / 2001, S. 148 ff.; Kocher, Victor, *Intensive Krisendiplomatie im Nahen Osten*, in: NZZ, Nr. 236, 10. Oktober 2000; *Arafat hofft auf die Unterstützung Clintons*, in: NZZ, Nr. 259, 6. November 2000.

7 Vgl. Meier, Reinhard, *Keine Vernunft ohne Vermittler in Nahost*, in: NZZ, Nr. 243, 18. Oktober 2000 und *Den Palästinensern irgendwie helfen: Formen arabischer*

Dass die ungelöste Konfrontation zwischen palästinensischem und jüdischem Volk nicht lediglich als ein Damoklesschwert für die Region Nahost, sondern für den Weltfrieden insgesamt eingestuft wird, symbolisierte die persönliche Präsenz des Generalsekretärs der Vereinten Nationen, Kofi Annan, und die Verabschiedung einer Resolution des UN-Sicherheitsrates schon wenige Tage nach der Wuteskalation von September 2000, in der diese verurteilt und zu unverzüglicher Mäßigung gemahnt wird.[8] Kontinuierliches Engagement der Vereinten Nationen in der Palästinenserfrage ist überdies auch deswegen geboten, da der UNO allgemein der Rang als ‚Hüterin der Selbstbestimmungsrechte' – der Palästinenser in gleicher Weise wie in Osttimor, Westsahara oder auch Namibia – verliehen wird und ihr somit ein deutliches Quantum an Verantwortung in dieser Angelegenheit zukommt, bis eine befriedigende Lösung gefunden ist.

Bezüglich der amerikanischen Diplomatie im Nahen Osten ist wünschenswert, dass die augenfällige Gönnerschaft gegenüber Israel – nicht zuletzt mittels massiver Finanzhilfen und der Blockade von israelkritischen Resolutionen im UN-Sicherheitsrat – einen Kurswechsel vornimmt und die USA im Gleichklang mit der internationalen Staatengemeinschaft kontinuierlich die Völkerrechtslage klarstellt und energisch deren Einhaltung fordert. Ein derartiger, wünschenswerter Diplomatiewandel könnte auch den internationalen Druck auf Israel verstärken und signalisieren, dass die gänzliche Missachtung oder die beständige Auslegung völkerrechtlicher Normen und Verpflichtungen in Konformität mit den eigenen nationalen Interessen in keiner Weise toleriert wird. Dies ist insbesondere vor dem Hintergrund der gegenwärtigen Instabilität der politischen Lage im Nahen Osten von elementarer Bedeutung, um zu verhindern, dass Israel sich berechtigt glaubt, unter

---

Solidarität mit der „Aksa-Intifada" in: NZZ, Nr. 255, 1. November 2000; Kocher, Victor, *Ruhe nach dem Sturm in Gaza: Solidaritätswelle für die Palästinenser im Nahen Osten*, in: NZZ, Nr. 240, 14./15. Oktober 2000 und *Arabische Straßenproteste: zunehmend militante Rhetorik*, in: NZZ, Nr. 233, 6. Oktober 2000.

8 SC-Res. 1322 vom 7. Oktober 2000 ist im Anhang abgedruckt. Vgl. auch Kocher, Victor, *Intensive Krisendiplomatie im Nahen Osten*, in: NZZ, Nr. 236, 10. Oktober 2000.

Berufung auf die *clausula rebus sic stantibus* durch Rückeroberung und erneute *occupatio bellica* von Westbank und Gazastreifen den *status quo ex ante* wieder herzustellen.

Auch an Europa wenden sich zunehmend Appelle, sich zu einer stärkeren Vermittlerrolle durchzuringen. Nicht allein altruistische Motive, sondern durchaus auch Eigeninteressen Europas könnten hierbei verfolgt werden. Denn die beständig drohende Gewaltentgleisung im Nahen Osten und deren Konsequenzen konterkarieren freilich die Aufbaubemühungen der Europäischen Union. So dürfte es in ihrem ureigenen Interesse liegen, mit eigenen tragfähigen Lösungskonzepten und nicht allein schlichten Gewaltverurteilungen auf eine Entwicklung hin zu einer friedlicheren und prosperierenden Region einzuwirken.

Elementare Grundbedingung eines Verhandlungserfolges zwischen Israel und der PLO ist allerdings Israels Anerkennung des palästinensischen Volkes als gleichberechtigten Verhandlungspartner. Würde die Suche nach einem Interessensausgleich endlich auf diesem Fundament der Gleichberechtigung beruhen, so wäre der Pfad zu einer vollständigen Verwirklichung des völkerrechtlich verbrieften Rechts des palästinensischen Volkes auf äußere Selbstbestimmung bereits weniger stachlig. Welchen Ausgang das momentan vergiftete politische Klima im Nahen Osten auch nehmen mag: Es bleibt zu hoffen, dass eine Lösung in Konformität mit dem Völkerrecht und den betreffenden UN-Resolutionen realisiert wird. Nicht nur die legitimen Rechte des palästinensischen Volkes, sondern auch die der übrigen regionalen Akteure, vornehmlich Israels, sind hierbei weitgehend zu berücksichtigen. Denn nur unter dieser Prämisse wird sich ein sodann ausgehandelter Endstatusvertrag auch als gerecht, umfassend und dauerhaft erweisen. Und dies wäre letztlich nur zu begrüßen.

GRAPHIKEN

Graphik I : Die Vereinbarungen zwischen Israel und der PLO – Die Osloer Abkommen

Vereinbarung	Datum der Unterzeichnung	Ort der Unterzeichnung	Kurzbezeichnung
Declaration of Principles on Interim Self-Government Arrangements	13. September 1993	Washington	Declaration of Principles / DOP / Oslo I
Israel - PLO Protocol on Economic Relations	29. April 1994	Paris	Paris Protokoll
Agreement on the Gaza Strip and the Jericho Area	4. Mai 1994	Kairo	Cairo Agreement / Gaza-Jericho-Abkommen
Agreement on Preparatory Transfer of Powers and Responsibilities	29. August 1994	Erez	Erez Agreement
Agreement on Preparatory Transfer of Powers and Responsibilities	27. August 1995	Taba	Taba Agreement
Israeli-Palestinian Interim Agreement on the West Bank and Gaza Strip	28. September 1995	Washington	Interim Agreement / Interimsabkommen / IA / Oslo II
Protocol Concerning the Redeployment in Hebron	17. Januar 1997	Jerusalem	Hebron Protokoll
Wye River Memorandum	23. Oktober 1998	Washington	
Sharm ash-Sheikh Memorandum	4. September 1999	Sharm ash-Sheikh	

Graphik II :

Die Sitzverteilung im *Palestinian Council*

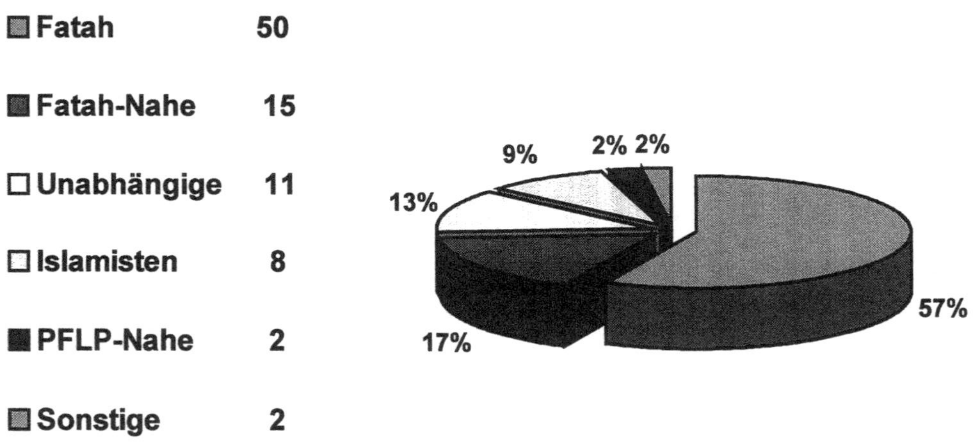

Zahlen aus: Munzinger-Archiv / IH-Länder aktuell, „Palästina / Politik".

Graphik III :

Kompetenzverteilung zwischen *Palestinian Authority* und Israel

	Zivile Angelegenheiten	Innere Sicherheit	Äußere Sicherheit
Zone A	PA	PA	Israel
Zone B	PA	Israel	Israel
Zone C	Israel / PA	Israel	Israel

Graphik IV : Palästinensische Flüchtlinge im Nahen Osten

UNRWA – Operationsgebiet	Westbank	Gaza	Jordanien	Libanon	Syrien	Gesamt
Zahl der Flüchtlinge	570.000	800.000	**1.500.000**	370.000	370.000	3,6 Mio.
Anteil der Bevölkerung	30 %	**78 %**	34 %	11 %	3 %	31 %
Zahl der Flüchtlingslager	**19**	8	10	12	10	59
Anteil der Flüchtlinge gesamt	16 %	22 %	**42 %**	10 %	10 %	100 %
Flüchtlinge in Lagern	150.000	**440.000**	270.000	200.000	110.000	1,2 Mio.
Anteil der Flüchtlinge in Lagern an Gesamtflüchtlingszahl	27 %	**55 %**	18 %	**55 %**	29 %	33 %

Quellen: UNRWA - Public Information Office (Hrsg.), *Figures as of 30 June 1999*, Gaza 1999; *UNRWA Press Release*, PAL/1875, 8. Dezember 1999, unter: http://www.un.org Die Zahlen sind aus Gründen der Übersichtlichkeit nochmals gerundet.

Graphik V :
Jüdische Siedler in den Palästinensergebieten 1972 - 1996

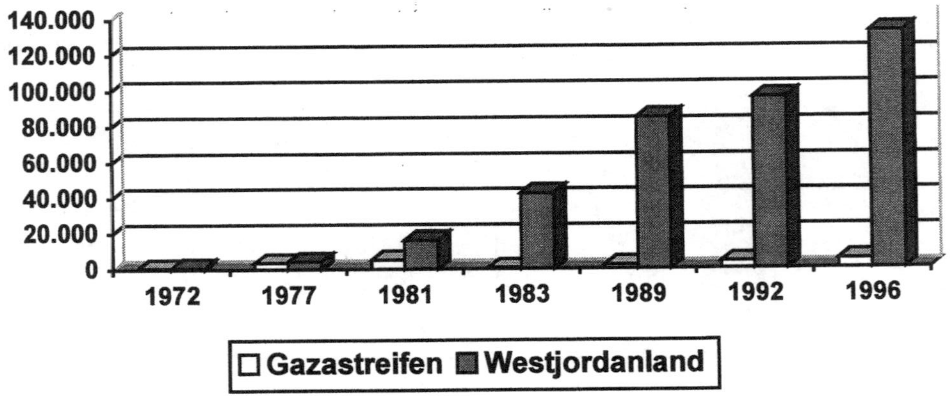

Zahlen aus: Wolffsohn, Michael / Bokovoy, Douglas, *Israel: Geschichte – Wirtschaft – Gesellschaft – Politik*, Opladen 1996, S. 29.

Abbildungen

1. Der Teilungsplan der Vereinten Nationen für Palästina 1947

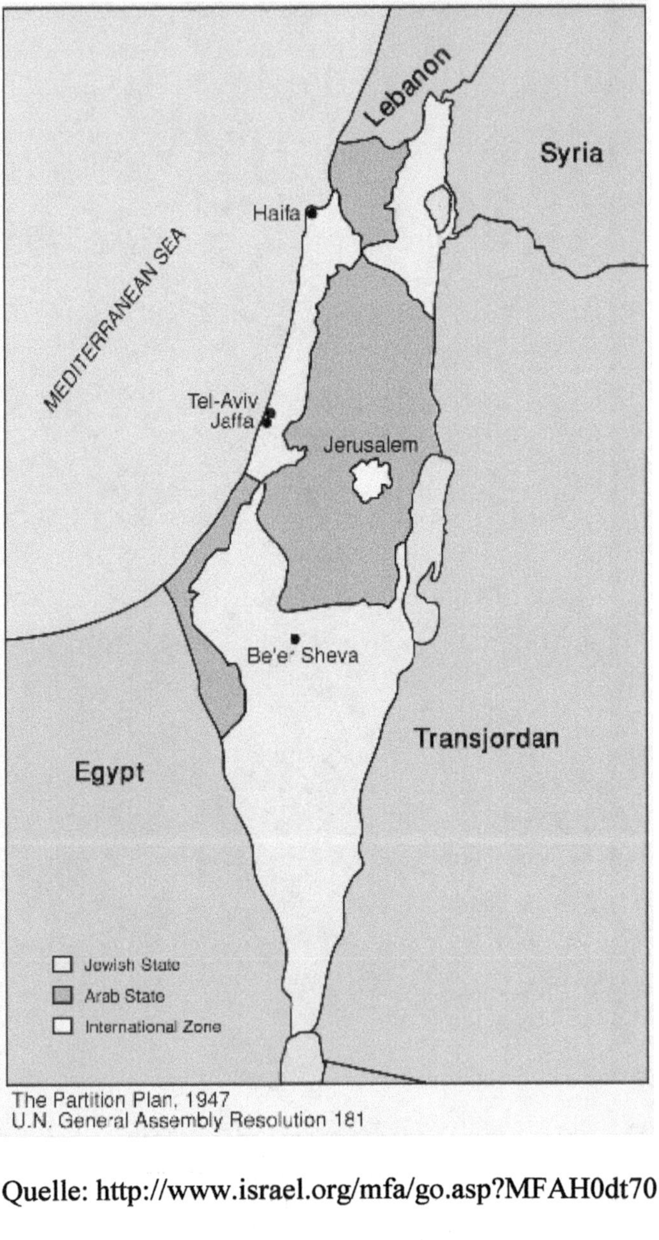

The Partition Plan, 1947
U.N. General Assembly Resolution 181

Quelle: http://www.israel.org/mfa/go.asp?MFAH0dt70

2. Territorialgewinne Israels durch den Unabhängigkeitskrieg 1948

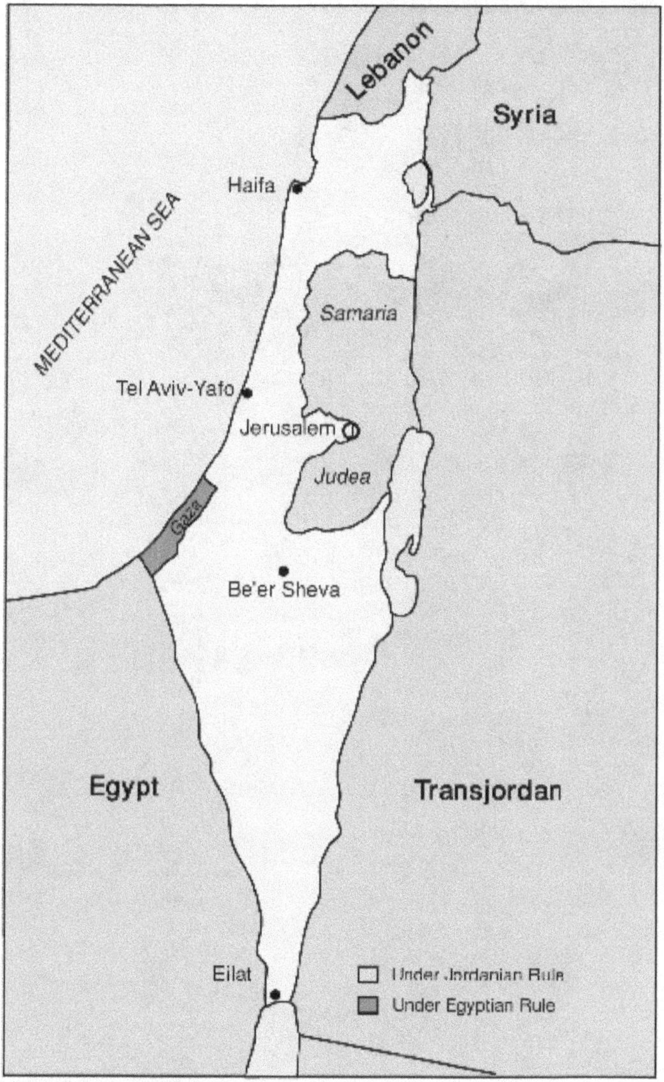

Armistice Lines, 1949

Quelle: http://www.israel.org/mfa/go.asp?MFAH0dsp0

3. Der Gazastreifen: Zone A, B, C und jüdische Besiedlung

Quelle: Der Spiegel, Nr. 42 / 2000.

4. Die Westbank: Zone A, B, C, territoriale Fragmentation und jüdische Besiedlung

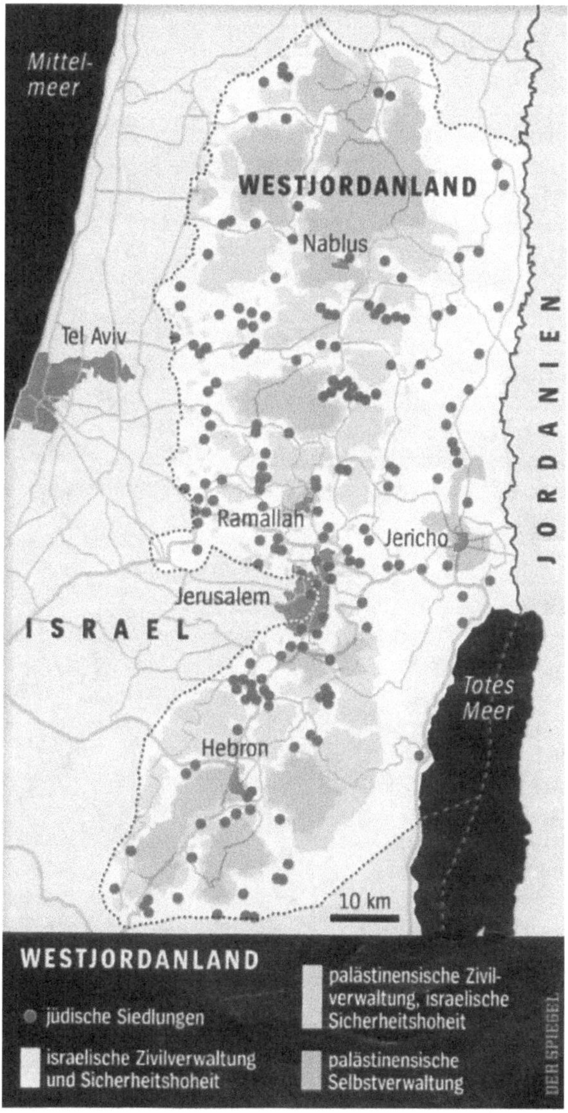

Quelle: Der Spiegel, Nr. 42 / 2000.

5. Die Vermischung jüdischer Siedlungen mit palästinensischen Dörfern und Städten

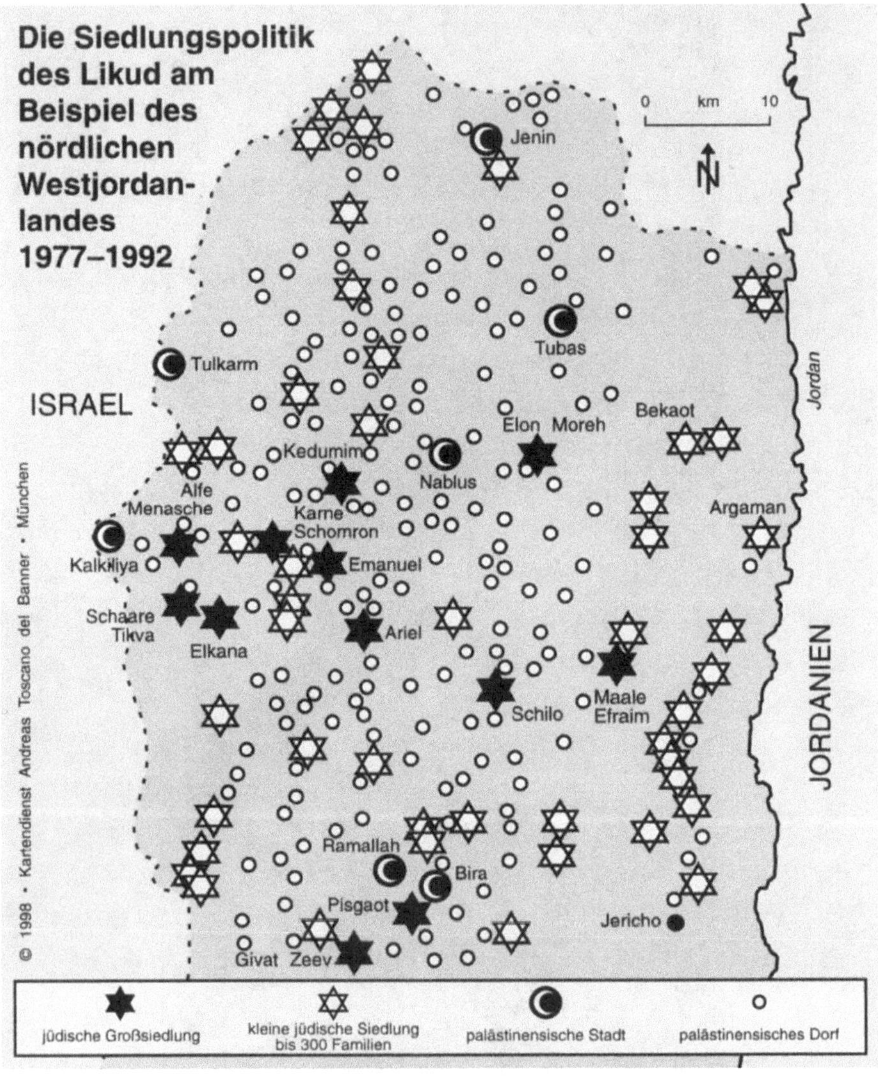

Quelle: Wolffsohn, Michael, *Die ungeliebten Juden: Israel – Legenden und Geschichte*, München / Zürich 1998, S. 222.

6. Flüchtlingslager und Diaspora von Palästinensern im Nahen Osten

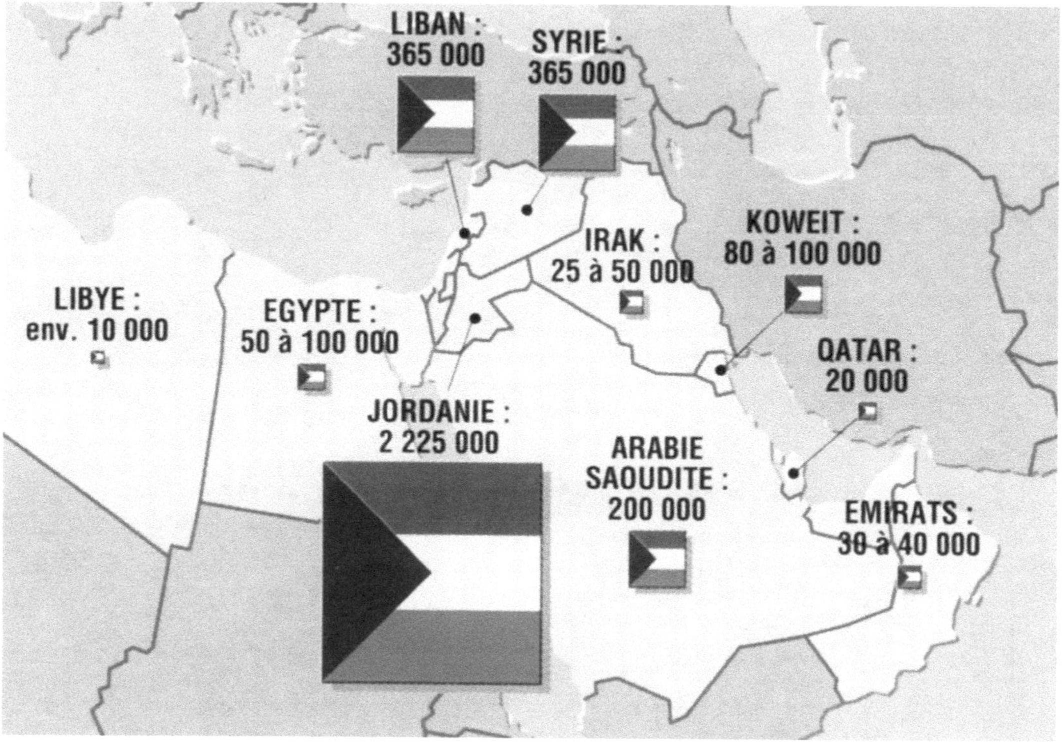

Quelle: GEO, Nr. 243 / 1999.

7. Militärische und nichtmilitärische Siedlungen im Westjordanland

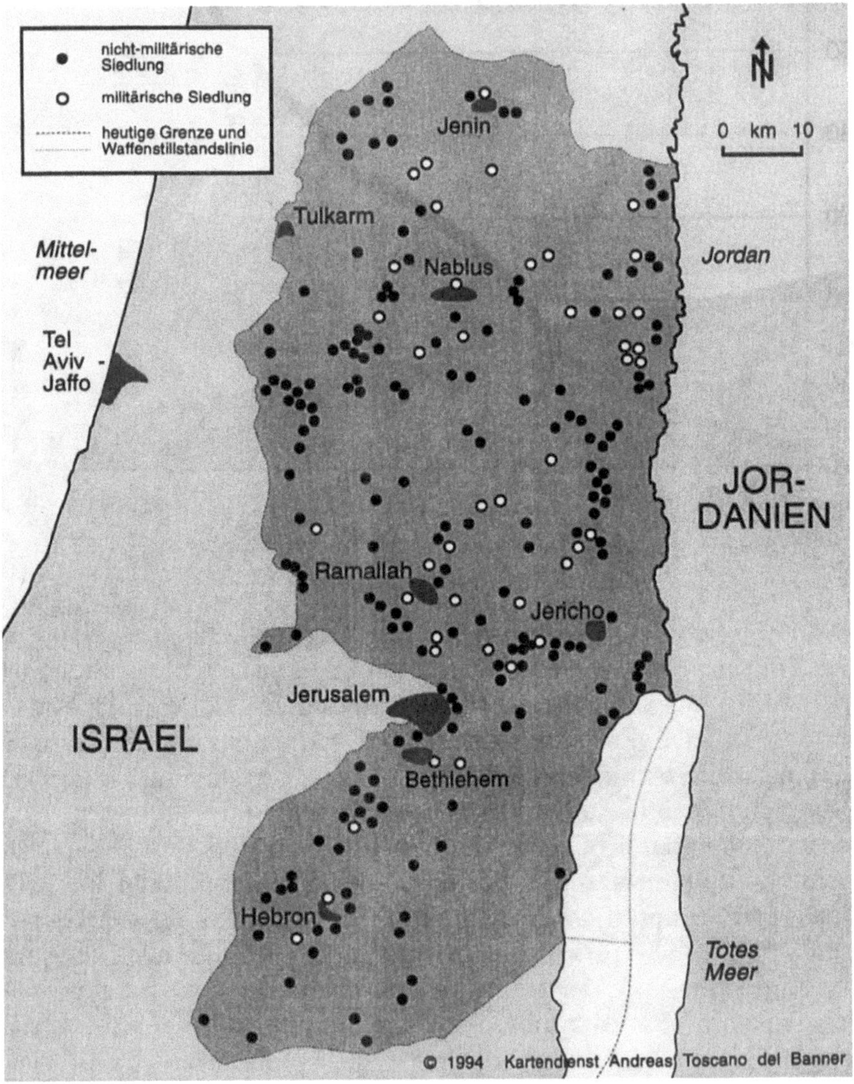

Quelle: Wolffsohn, Michael / Bokovoy, Douglas, *Israel: Geschichte – Wirtschaft – Gesellschaft – Politik*, Opladen 1996, S. 32.

8. Israels *National Water Carrier*

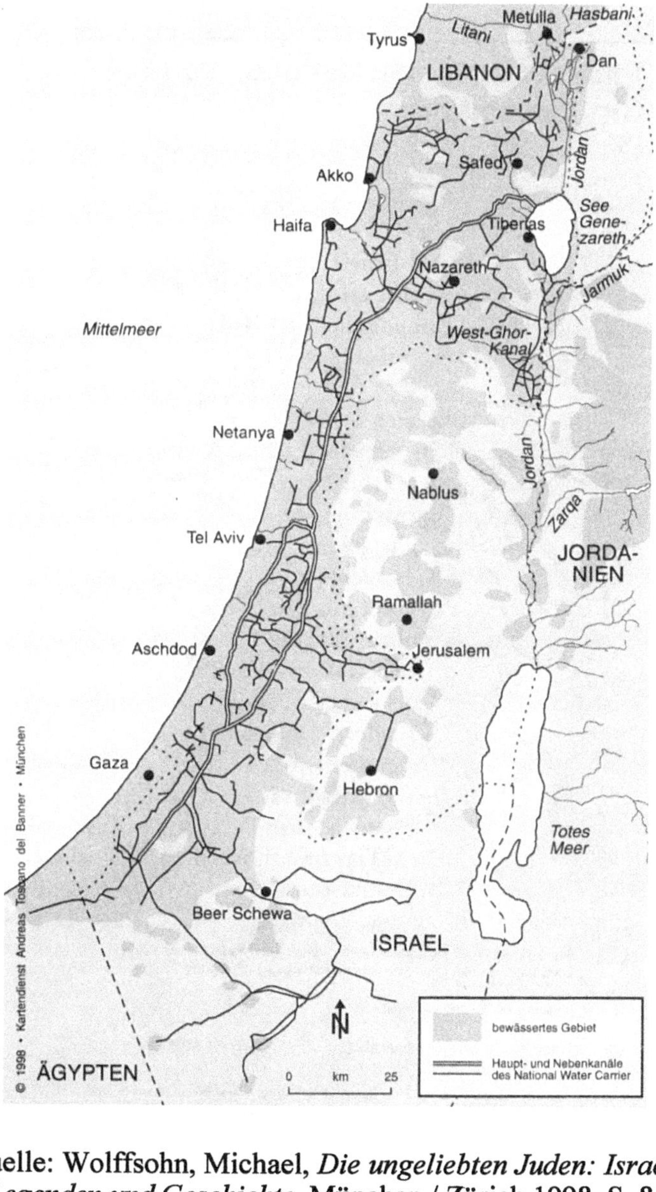

Quelle: Wolffsohn, Michael, *Die ungeliebten Juden: Israel – Legenden und Geschichte*, München / Zürich 1998, S. 81.

9. Die *corpus separatum* - Konzeption der Vereinten Nationen für Jerusalem 1947

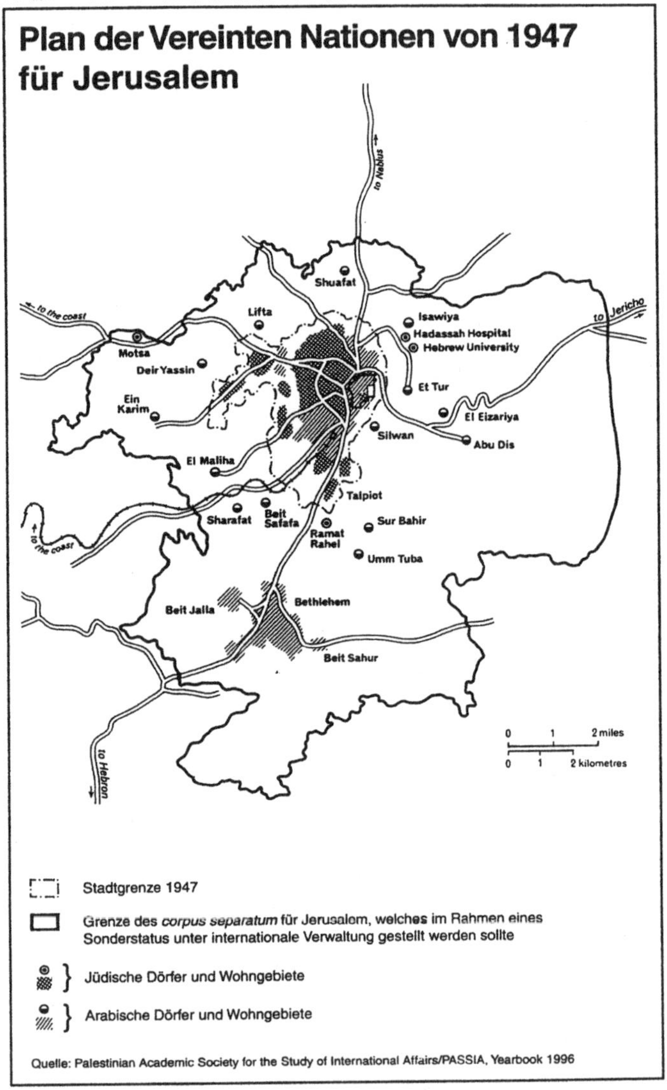

Quelle: Avnery, Uri / Bishara, Azmi (Hrsg.), *Die Jerusalemfrage: Israelis und Palästinenser im Gespräch*, Heidelberg 1996, S. 304.

10. Jerusalem: Altstadt, Tempelberg, jüdische Siedlungen

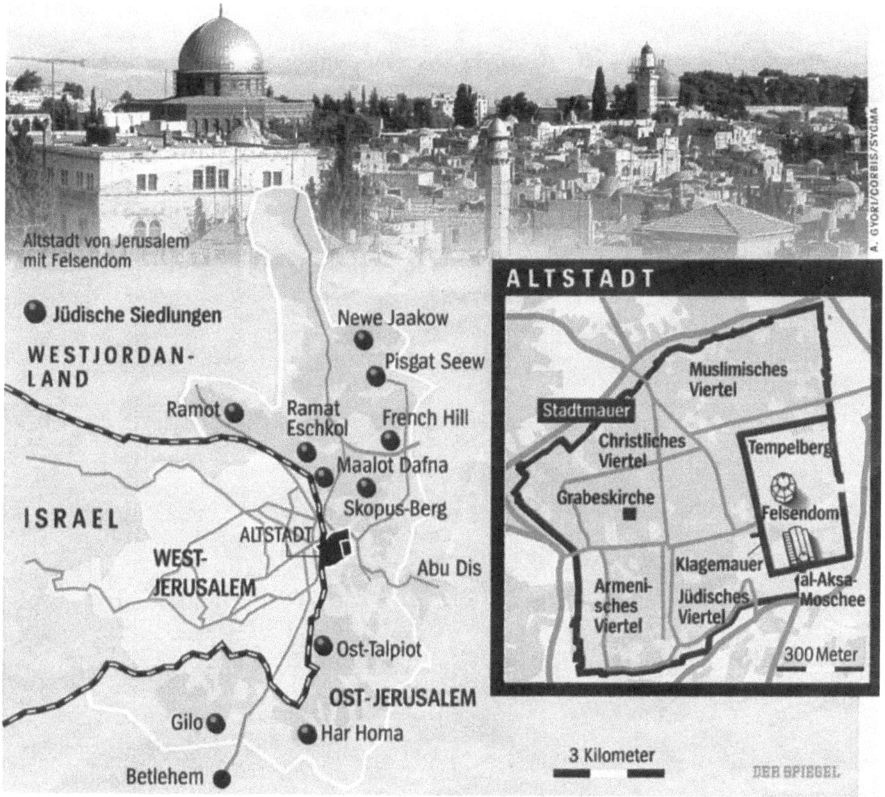

Quelle: Der Spiegel, Nr. 30 / 2000.

1. RESOLUTIONEN DER VEREINTEN NATIONEN

UN SECURITY COUNCIL RESOLUTION 242
22 November 1967

The Security Council,

Expressing its continuing concern with the grave situation in the Middle East,

Emphasizing the inadmissibility of the acquisition of territory by war and the need to work for a just and lasting peace in which every State in the area can live in security,

Emphasizing further that all Member States in their acceptance of the Charter of the United Nations have undertaken a commitment to act in accordance with Article 2 of the Charter,

1. *Affirms* that the fulfillment of Charter principles requires the establishment of a just and lasting peace in the Middle East which should include the application of both the following principles:
(i) Withdrawal of Israeli armed forces from territories occupied in the recent conflict;
(ii) Termination of all claims or states of belligerency and respect for and acknowledgement of the sovereignty, territorial integrity and political independence of every State in the area and their right to live in peace within secure and recognized boundaries free from threats or acts of force;

2. *Affirms further* the necessity
(a) For guaranteeing freedom of navigation through international waterways in the area;
(b) For achieving a just settlement of the refugee problem;
(c) For guaranteeing the territorial inviolability and political independence of every State in the area, through measures including the establishment of demilitarized zones;

3. *Requests* the Secretary General to designate a Special Representative to proceed to the Middle East to establish and maintain contacts with the States concerned in order to promote agreement and assist efforts to achieve a peaceful and accepted settlement in accordance with the provisions and principles in this resolution;

4. *Requests* the Secretary-General to report to the Security Council on the progress of the efforts of the Special Representative as soon as possible.

Adopted unanimously at the 1382nd meeting.

Quelle: http://www.un.org/documents/sc/res/1967/s67r242e.pdf

UN SECURITY COUNCIL RESOLUTION 338
22 October 1973

The Security Council,

1. *Calls upon* all parties to the present fighting to cease all firing and terminate all military activity immediately, no later than 12 hours after the moment of the adoption of this decision, in the positions they now occupy;

2. *Calls upon* the parties concerned to start immediately after the cease-fire the implementation of Security Council resolution 242 (1967) in all of its parts;

3. *Decides* that, immediately and concurrently with the cease-fire, negotiations shall start between the parties concerned under appropriate auspices aimed at establishing a just and durable peace in the Middle East.

Adopted at the 1747th meeting by 14 votes to none [27]

Quelle: http://www.un.org/documents/sc/res/1973/s73r338e.pdf

---

27 One member (China) did not participate in the voting.

UN SECURITY COUNCIL RESOLUTION 465
1 March 1980

The Security Council, ...

5. *Determines* that all measures taken by Israel to change the physical character, demographic composition, institutional structure or status of the Palestinian and other Arab territories occupied since 1967, including Jerusalem, or any part thereof have no legal validity and that Israel's policy and practices of settling parts of its population and new immigrants in those territories constitute a flagrant violation of the Geneva Convention relative to the Protection of Civilian Persons in Time of War and also constitute a serious obstruction to achieving a comprehensive, just and lasting peace in the Middle East;

6. *Strongly deplores* the continuation and persistence of Israel in pursuing those policies and practices and calls upon the Government and people of Israel to rescind those measures, to dismantle the existing settlements and in particular to cease, on an urgent basis, the establishment, construction and planning of settlements in the Arab territories occupied since 1967, including Jerusalem;

7. *Calls upon* all States not to provide Israel with any assistance to be used specifically in connexion with settlements in the occupied territories;

8. *Requests* the Commission to continue to examine the situation relating to settlements in the Arab territories occupied since 1967, including Jerusalem, to investigate the reported serious depletion of natural resources, particularly the water resources, with a view to ensuring the protection of those important natural resources of the territories under occupation, and to keep under close scrutiny the implementation of the present resolution; ...

Adopted unanimously at the 2203rd meeting

Quelle: http://www.un.org/documents/sc/res/1980/scres80.htm

UN SECURITY COUNCIL RESOLUTION 1322
7 October 2000

The Security Council,

Recalling its resolutions 476 (1980) of 30 June 1980, 478 (1980) of 20 August 1980, 672 (1990) of 12 October 1990, and 1073 (1996) of 28 September 1996, and all its other relevant resolutions,

Deeply concerned by the tragic events that have taken place since 28 September 2000, that have led to numerous deaths and injuries, mostly among Palestinians,

Reaffirming that a just and lasting solution to the Arab and Israeli conflict must be based on its resolutions 242 (1967) of 22 November 1967 and 338 (1973) of 22 October 1973, through an active negotiating process,

Expressing its support for the Middle East peace process and the efforts to reach a final settlement between the Israeli and Palestinian sides and *urging* the two sides to cooperate in these efforts,

Reaffirming the need for full respect by all of the Holy Places of the City of Jerusalem, and *condemning* any behaviour to the contrary,

1. *Deplores* the provocation carried out at Al-Haram Al-Sharif in Jerusalem on 28 September 2000, and the subsequent violence there and at other Holy Places, as well as in other areas throughout the territories occupied by Israel since 1967, resulting in over 80 Palestinian deaths and many other casualties;

2. *Condemns* acts of violence, especially the excessive use of force against Palestinians, resulting in injury and loss of human life;

3. *Calls upon* Israel, the occupying Power, to abide scrupulously by its legal obligations and its responsibilities under the Fourth Geneva Convention relative to the Protection of Civilian Persons in Time of War of 12 August 1949;

4. *Calls for* the immediate cessation of violence, and for all necessary steps to be taken to ensure that violence ceases, that new provocative actions are avoided, and that the situation returns to normality in a way which promotes the prospects for the Middle East peace process;

5. *Stresses* the importance of establishing a mechanism for a speedy and objective inquiry into the tragic events of the last few days with the aim of preventing their repetition, and welcomes any efforts in this regard;

6. *Calls for* the immediate resumption of negotiations within the Middle East peace process on its agreed basis with the aim of achieving an early final settlement between the Israeli and Palestinian sides;

7. *Invites* the Secretary-General to continue to follow the situation and to keep the Council informed;

8. *Decides* to follow closely the situation and to remain seized of the matter.

Adopted with 14 votes in favor, none against and one abstention (United States)

Quelle: http://www.un.org/Docs/scres/2000/res1322e.pdf

UN GENERAL ASSEMBLY RESOLUTION 54/37
20 January 2000

The General Assembly,

Recalling its resolutions 36/120 of 10 December 1981, 37/123 of 16 December 1982, 38/180 C of 19 December 1983, 39/146 C of 14 December 1984, 49/168 C of 16 December 1985, 41/162 C of 4 December 1986, 42/209 D of 11 December 1987, 43/54 C of 6 December 1988, 44/40 C of 4 December 1989. 45/83 C of 13 December 1990, 46/82

B of 16 December 1991, 47/63 B of 11 December 1992, 48/59 A of 14 December 1993, 49/87 A of 16 December 1994, 50/22 A of 4 December 1995, 51/27 of 4 December 1996, 52/53 of 9 December 1997 and 53/37 of 2 December 1998, in which it, *inter alia*, determined that all legislative and administrative measures and actions taken by Israel, the occupying Power, which have altered or purported to alter the character and status of the Holy City of Jerusalem, in particular the so-called "Basic Law" on Jerusalem and the proclamation of Jerusalem as the capital of Israel, were null and void and must be rescinded forthwith,

Recalling also Security Council resolution 478 (1980) of 20 August 1980, in which the Council, *inter alia*, decided not to recognize the "Basic Law" and called upon those States which had established diplomatic missions at Jerusalem to withdraw such missions from the Holy City,

Having considered the report of the Secretary-General,

1. *Determines* that the decision of Israel to impose its laws, jurisdiction and administration on the Holy City Of Jerusalem is illegal and therefore null and void and has no validity whatsoever;

2. *Deplores* the transfer by some States of their diplomatic missions to Jerusalem in violation of Security Council resolution 478 (1980) and their refusal to comply with the provisions of that resolution;

3. *Calls once more upon* those States to abide by the provisions of the relevant United Nations resolutions, in conformity with the Charter of the United Nations;

4. *Requests* the Secretary-General to report to the General Assembly at its fifty-fifth session on the implementation of the present resolution.

68th plenary meeting 1 December 1999

Quelle: http://www.un.org/documents/ga/res/54/a54r037.pdf

2. Grundgesetz für Jerusalem

BASIC LAW: JERUSALEM, CAPITAL OF ISRAEL, 5740 – 1980
30 July 1980

1. Jerusalem united in its entirety is the capital of Israel.

2. Jerusalem is the seat of the President of the State, the Knesset, the Government and the Supreme Court.

3. The Holy Places shall be protected from desecration and any other violation and from anything likely to violate the freedom of access of the members of the different religions to the places sacred to them of their feelings with regard to those places.

4. (a) The Government shall diligently persist in the development and prosperity of Jerusalem and the welfare of its inhabitants, by the appropriation of special resources, including a special annual grant to the Jerusalem Municipality (Capital City Grant) with the approval of the Finance Committee of the Knesset.
(b) Jerusalem shall be given particular priority in the activities of the State's authorities for the development of the city in the financial and economic spheres and in other areas.
(c) The Government shall constitute a special body or bodies for the implementation of this Section.

Passed by the Knesset on July 30, 1980

Quelle: Mallison, W. Thomas / Mallison, Sally V., *The Palestine Problem in International Law and World Order*, Harlow 1986, S. 443

3. Anerkennung zwischen Israel und der PLO

LETTER FROM YASSER ARAFAT TO PRIME MINISTER OF ISRAEL, YITZHAK RABIN

9 September 1993

Mr. Prime Minister,

The signing of the Declaration of Principles marks a new era in the history of the Middle East. In firm conviction thereof, I would like to confirm the following PLO commitments:

The PLO recognizes the right of the State of Israel to exist in peace and security.
The PLO accepts United Nations Security Council Resolutions 242 and 338.

The PLO commits itself to the Middle East peace process, and to a peaceful resolution of the conflict between the two sides and declares that all outstanding issues relating to permanent status will be resolved through negotiations.

The PLO considers that the signing of the Declaration of Principles constitutes a historic event, inaugurating a new epoch of peaceful coexistence, free from violence and all other acts which endanger peace and stability. Accordingly, the PLO renounces the use of terrorism and other acts of violence and will assume responsibility over all PLO elements and personnel in order to assure their compliance, prevent violations and discipline violators

In view of the promise of a new era and the signing of the Declaration of Principles and based on Palestinian acceptance of Security Council Resolutions 242 and 338, the PLO affirms that those articles of the Palestinian Covenant which deny Israel's right to exist, and the provisions of the Covenant which are inconsistent with the commitments of this letter are now inoperative and no longer valid. Consequently, the PLO undertakes to submit to the Palestinian National Council for formal approval the necessary changes in regard to the Palestinian Covenant.

Sincerely,
Yasser Arafat
Chairman, The Palestine Liberation Organization

LETTER FROM PRIME MINISTER YITZHAK RABIN TO YASSER ARAFAT

9 September 1993

Mr. Chairman,

In response to your letter of September 9, 1993, I wish to confirm to you that, in light of the PLO commitments included in your letter, the Government of Israel has decided to recognize the PLO as the representative of the Palestinian people and commence negotiations with the PLO within the Middle East peace process.

Yitzhak Rabin
Prime Minister of Israel

Quelle: http://www.ariga.com/treaties/recogn.html

1. Primärquellen

Agreement on the Gaza Strip and the Jericho Area, 4. Mai 1994, abrufbar auf der Website des israelischen Außenministeriums unter: http://www.mfa.gov.il/mfa/go.asp?MFAH00q20

Agreement on Preparatory Transfer of Powers and Responsibilities, 29. August 1994, unter: http://www.mfa.gov.il/mfa/go.asp?MFAH00q90

Basic Guidelines of the Government of Israel, 6. Juli 1999, unter: http://www.mfa.gov.il/mfa

Basic Law for the National Authority in the Transitional Period: Third Draft, in: COTRAN, EUGENE / MALLAT, CHIBLI (Hrsg.), *The Arab-Israeli Accords: Legal Perspectives*, The Hague/Boston/London: Kluwer Law International, 1996, S. 137-154

Basic Law: Jerusalem, Capital of Israel, 5740–1980, 30. Juli 1980, unter: http://www.mfa.gov.il/mfa/go.asp?MFAH00hf0

Briefwechsel zur Anerkennung zwischen Israel und der PLO, unter: http://www.mfa.gov.il/mfa/go.asp?MFAH00pz0 (engl.) und in: BOTSCHAFT DES STAATES ISRAEL, Presse- und Informationsabteilung (Hrsg.), *Frieden: Die Vereinbarungen zwischen Israel und der PLO – September 1993*, Bonn, S. 4 f. (Jassir Arafat), S. 6 (Jitzhak Rabin) (dt.)

Camp David Accords, 17. September 1978, unter: http://www.mfa.gov.il/mfa/go.asp?MFAH00ie0

Charta der Vereinten Nationen, 26. Juni 1945, abrufbar auf der Website der Vereinten Nationen unter: http://www.un.org/aboutun/charter/index.html; deutscher Text abgedruckt in: Sartorius, Band II, *Internationale Verträge – Europarecht*, Stand: 15. Januar 2000, München: Beck, 2000, 1.

Covenant of the League of Nations, Dezember 1924, unter: http://www.ariga.com/treaties/leaguecov.htm; Artikel 22 abgedruckt in: HARTTUNG, ARNOLD (Hrsg.), *Ursprung und Entwicklung des arabisch-israelischen Konflikts und der Palästina-Teilungsplan der Vereinten Nationen*, Berlin: Berlin Verlag A. Spitz, 1993, S. 199 f. (dt.); GAINSBOROUGH, J. RUSSELL, *The Arab-Israeli Conflict: A Politico-Legal Analysis*, Vermont: Grower, 1986, S. 276 (engl.)

Convention on the Law of the Non-navigational Uses of International Watercourses, 8. Juli 1997, in: International Legal Materials, V. 36, 1997, S. 700-720, sowie abrufbar unter: http://www.un.org/ga/documents/gares51/ga51-229.htm

Convention relating to the Status of Refugees, 28. Juli 1951, abrufbar auf der Website des UNHCR unter:
http://www.unhcr.ch/refworld/refworld/legal/instrume/asylum/1951eng.htm; deutscher Text in: Sartorius, Band II, *Internationale Verträge – Europarecht,* Stand: 15. Januar 2000, München: Beck, 2000, 28.

Declaration of Principles on Interim Self-Government Arrangements, 13. September 1993, unter: http://www.mfa.gov.il/mfa/go.asp?MFAH00q00 und in: BOTSCHAFT DES STAATES ISRAEL, Presse- und Informationsabteilung (Hrsg.), *Frieden: Die Vereinbarungen zwischen Israel und der PLO – September 1993,* Bonn, S. 18 ff.

Helsinki Rules on the Uses of the Waters of International Rivers, in: INTERNATIONAL LAW ASSOCIATION, *Report of the 56th Conference,* Helsinki 1980, S. 486

Israeli National Agreement Regarding the Negotiations on the Permanent Settlement With the Palestinians, 22. Januar 1997, in: PALESTINE LIBERATION ORGANIZATION – Department of Refugee Affairs (Hrsg.), *The Palestinian Refugees 1948-2000: Factfile,* Jerusalem/Ramallah 2000, S. 18

Israeli-Palestinian Interim Agreement on the West Bank and the Gaza Strip, 28. September 1995, unter: http://www.mfa.gov.il/mfa/go.asp?MFAH00qa0

Letter of Invitation to Madrid Peace Conference, 30. Oktober 1991, unter: http://www.mfa.gov.il/mfa/go.asp?MFAH00p60

Palästina-Mandat des Völkerbundes, 24. Juli 1922, unter:
http://www.mfa.gov.il/mfa/go.asp?MFAH00pr0 (engl.) und in: HARTTUNG, ARNOLD (Hrsg.), *Ursprung und Entwicklung des arabisch-israelischen Konflikts und der Palästina-Teilungsplan der Vereinten Nationen,* Berlin: Berlin Verlag A. Spitz, 1993, S. 201 ff. (dt.)

Palästinensische Unabhängigkeitserklärung, 15. November 1988, in: International Legal Materials, V. 27, 1988, S. 1660-1672

Protocol Concerning Safe Passage between the West Bank and the Gaza Strip, 5. Oktober 1999, unter: http://www.mfa.gov.il/mfa/go.asp?MFAH0fxr0

Pressemitteilungen der Generalversammlung der Vereinten Nationen, unter: http://www.un.org/documents/pressga.htm

Protocol Concerning the Redeployment in Hebron, 17. Januar 1997, unter: http://www.mfa.gov.il/mfa/go.asp?MFAH00ql0

Sharm ash-Sheikh Memorandum on Implementation Timeline of Outstanding Commitments of Agreements Signed and the Resumption of Permanent Status Negotiations, 4. September 1999, unter:
http://www.mfa.gov.il/mfa/go.asp?MFAH0fo30

Treaty of Peace between the State of Israel and the Hashemite Kingdom of Jordan, 26. Oktober 1994, in: International Legal Materials, V. 34, 1995, bzw. abrufbar unter: http://www.mfa.gov.il/mfa/go.asp?MFAH00pa0

Trilateral Statement on the Middle East Peace Summit at Camp David, 25. Juli 2000, unter: http://www.mfa.gov.il/mfa/go.asp?MFAH0hnl0

Palästinensische Nationalcharta, 1964, in: HARKABI, YEHOSHAFAT, *Das Palästinensische Manifest und seine Bedeutung*, Stuttgart: Seewald, 1980, S. 131

Palästinensische Nationalcharta, 1968, aaO, S. 138 (dt.) und unter:
http://www.mfa.gov.il/mfa/go.asp?MFAH00pv0 (engl.)

Politisches Programm der PLO, 1974, in: Harkabi, Yehoshafat, *Das Palästinensische Manifest und seine Bedeutung*, Stuttgart: Seewald, 1980, S. 172

Resolutionen der Vereinten Nationen:

Resolutionen des UN-Sicherheitsrats ab 1946 sind abrufbar auf der Website der Vereinten Nationen unter: http://www.un.org/documents/scres.htm

Resolutionen der UN-Generalversammlung ab 1977 unter:
http://www.un.org/documents/resga.htm

GA-Res. 181 (II) von 1947, SC-Res. 242 von 1967, SC-Res. 338 von 1973 und andere bis einschließlich 1978, in: HARTTUNG, ARNOLD (Hrsg.), *United Nations: Die VN-Resolutionen zum Nahost-Konflikt*, Berlin: Berlin-Verlag, 1978

GA-Res. 194 (III) vom 11. Dezember 1948 und GA-Res. 302 (IV) vom 8. Dezember 1949, in: TAKKENBERG, LEX, *The Status of Palestinian Refugees in International Law*, Oxford 1998, S. 359-362 bzw. S. 362-366

Statute of the Office of the United Nations High Commissioner for Refugees, 14. Dezember 1950, abrufbar auf der Website des UNHCR unter: http://www.unhcr.ch/html/menu3/b/o_unhcr.htm

Wiener Übereinkommen über das Recht der Verträge, 23. Mai 1969, in: Sartorius, Band II, *Internationale Verträge – Europarecht*, Stand: 15. Januar 2000, München: Beck, 2000, 320.

Wye River Memorandum, 23. Oktober 1998, unter: http://www.mfa.gov.il/mfa/go.asp?MFAH07o10

2. Sekundärliteratur

a. Monografien

A

ANDERSEN, UWE / WOYKE, WICHARD (Hrsg.), *Handwörterbuch Internationale Organisationen*, 2. Auflage, Leske und Budrich: Opladen, 1995

ASSEBURG, MURIEL, *Palästina auf dem Weg zum Staat: Determinanten, Entwicklungen, Szenarien*, Ebenhausen bei München: Stiftung Wissenschaft und Politik, 1999

B

BAUMGARTEN, HELGA, *Palästina: Befreiung in den Staat. Die palästinensische Nationalbewegung seit 1948*, Frankfurt: Suhrkamp, 1991

BLUMENWITZ, DIETER, *Internationale Schutzmechanismen zur Durchsetzung von Minderheiten- und Volksgruppenrechten*, Köln: Wissenschaft und Politik, 1997

BLUMENWITZ, DIETER, *Volksgruppen und Minderheiten: Politische Vertretung und Kulturautonomie*, Berlin: Gebr. Mann, 1995

C

COBBAN, HELENA, *The Palestinian Liberation Organization: People, Power and Politics*, London/New York/New Rochelle/Melbourne/Sydney: Cambridge University Press, 1984

CORM, GEORGES, *Europa und der Nahe Osten: Modernisierung oder Barbarei ?*, Bad Honnef: Horleman, 1997

E

ELIAS, ADEL S., *Dieser Frieden heißt Krieg: Israel und Palästina – die feindlichen Brüder*, München: Droemer Knaur, 1997

F

FARSOUN, SAMIH K., *Palestine and the Palestinians*, Colorado/Oxford: Westview, 1997

FEINBERG, NATHAN, *The Arab-Israeli Conflict in International Law*, Jerusalem: Magnes Press, 1970

FRANGI, ABDALLAH, *PLO und Palästina: Vergangenheit und Gegenwart*, Frankfurt: Fischer, 1982

G

GAINSBOROUGH, J. RUSSELL, *The Arab-Israeli Conflict: A Politico-Legal Analysis*, Vermont: Grower, 1986

GNESA, EDI, *Die von Israel besetzten Gebiete im Völkerrecht: Eine besetzungsrechtliche Analyse*, Schweizer Studien zum Internationalen Recht, Band 25, Zürich: Schulthess, 1981

H

HARKABI, YEHOSHAFAT, *Das Palästinensische Manifest und seine Bedeutung*, Stuttgart: Seewald, 1980

HARTTUNG, ARNOLD (Hrsg.), *United Nations: Die VN-Resolutionen zum Nahost-Konflikt*, Berlin: Berlin-Verlag, 1978

HARTTUNG, ARNOLD (Hrsg.), *Ursprung und Entwicklung des arabisch-israelischen Konflikts und der Palästina-Teilungsplan der Vereinten Nationen*, Berlin: Berlin-Verlag, 1993

HARTTUNG, ARNOLD (Hrsg.), *Zeittafel zum Nahost-Konflikt: 1920-1979 – Dokumentation*, Berlin: Berlin-Verlag, 1979

HERZL, THEODOR, *Der Judenstaat: Versuch einer modernen Lösung der Judenfrage*, 2. Auflage, Zürich: Manesse, 1996

HORNUNG, KLAUS, *Krisenherd Naher Osten: Geschichte – Fakten – Hintergründe*, Weinheim/Basel: Beltz Quadriga, 1991

I

IBRAHIM, WALEED, *Die palästinensische Selbstregierung nach dem internationalen Gaza-Jericho-Abkommen vom 13. September 1993: Eine völkerrechtliche Studie*, Frankfurt am Main/Berlin/Bern/New York/Paris/Wien: Lang, 1998

J

JELLINEK, GEORG, *Allgemeine Staatslehre*, 3. Auflage, unter Verwertung des handschriftlichen Nachlasses durchgesehen und ergänzt, Berlin: Häring, 1914

K

KAULISCH, THOMAS, *Israel und die PLO: Der Friedensprozeß seit dem Zweiten Golfkrieg und die Rolle der externen Akteure*, Vierow: SH Verlag, 1996

KIMMINICH, OTTO, *Das Recht auf die Heimat*, 3., neubearbeitete und erweiterte Auflage, Bonn, 1989

KIMMINICH, OTTO / HOBE, STEPHAN, *Einführung in das Völkerrecht*, 7., völlig überarbeitete und erweiterte Auflage, Tübingen/Basel: Francke, 2000

KÜNG, MANFRED / ECKERT, MARTIN K., *Repetitorium zum Völkerrecht*, Bern/Stuttgart/Wien: Haupt, 1993

L

LEGRAIN, JEAN-FRANCOIS, *Les Palestines du Quotidien: Les Élections de l'Autonomie, Janvier 1996*, Les Cahiers du CERMOC (Centre d'Etudes et de Recherches sur le Moyen-Orient Contemporain) No. 22, 1999

LIGUE INTERNATIONALE POUR LE DROIT ET LA LIBERATION DES PEUPLES (Hrsg.), *Le dossier Palestine: La question palestinienne et le droit international*, Paris: La Découverte, 1991

M

MALLISON, W. THOMAS / MALLISON, SALLY V., *The Palestine Problem in International Law and World Order*, Harlow: Longman, 1986

MORRIS, BENNY, *The birth of the Palestinian refugee problem, 1947 - 1949*, Cambridge: Cambridge University Press, 1987

MURLAKOV, ELI, *Das Recht der Völker auf Selbstbestimmung im israelisch-arabischen Konflikt*, Schweizer Studien zum Internationalen Recht, Band 31, Zürich: Schulthess, 1983

O

O'BRIAN, WILLIAM V., *Law and morality in Israel's war with the PLO*, New York/London: Routledge, 1991

P

PERES, SHIMON, *The New Middle East*, New York: Henry Holt, 1993

R

RUBINSTEIN, DANNY, *Yassir Arafat: vom Guerillakämpfer zum Staatsmann*, Heidelberg: Palmyra, 1996

S

SCHNEIDER, CHAIM RICHARD, *Israel am Wendepunkt: Von der Demokratie zum Fundamentalismus ?*, München: Kindler, 1998

SEIDL-HOHENVELDERN, IGNAZ, *Völkerrecht*, 9., neubearbeitete Auflage, Köln/Berlin/Bonn/München: Heymanns, 1997

SHEHADEH, RAJA, *From Occupation to Interim Accords: Israel and the Palestinian Territories*, The Hague/Boston/London: Kluwer Law International, 1997

SUNDERBRINK, UTE, *Die PLO in der Krise ? Genese, Strukturmerkmale und Politikmuster der Palästinensischen Befreiungsorganisation und deren Herausforderung durch den politischen Islam in der Intifada*, Münster/Hamburg: LIT Verlag, 1993

T

TAKKENBERG, LEX, *The Status of Palestinian Refugees in International Law*, Oxford: Clarendon, 1998

TOPHOVEN, ROLF, *Der israelisch-arabische Konflikt*, 5., aktualisierte Auflage, Bonn 1999

W

WAART, PAUL J.I.M. DE, *Dynamics of self-determination in Palestine: protection of peoples as a human right*, Leiden/New York/ Köln: Brill, 1994

WATZAL, LUDWIG, *Frieden ohne Gerechtigkeit ? Israel und die Menschenrechte der Palästinenser*, Köln/Weimar/Wien: Böhlau 1994

WEIDINGER, DOROTHEA, *Nation – Nationalismus – Nationale Identität*, Bonn 1998

WING, ADRIEN KATHERINE, *Democracy, Constitutionalism and the Future State of Palestine*, Jerusalem: PASSIA (Palestinian Academic Society for the Study of International Affairs), 1994

WOLFFSOHN, MICHAEL, *Die ungeliebten Juden: Israel – Legenden und Geschichte*, München/Zürich: Diana, 1998

WOLFFSOHN, MICHAEL / BOKOVOY, DOUGLAS, *Israel: Geschichte – Wirtschaft – Gesellschaft – Politik*, 5., völlig überarbeitete Auflage, Opladen: Leske und Budrich, 1996

Y

YODFAT, ARYEH / ARNON-OHANNA, Yuval, *PLO: Strategy and Tactics*, New York: St. Martin's Press, 1981

b. Sammelbände

A

ABDUL HADI, MAHDI (Hrsg.), *Dialogue on Palestinian State-Building and Identity: PASSIA Meetings and Lectures 1995-1998*, Jerusalem: PASSIA (Palestinian Academic Society for the Study of International Affairs), 1999

AVNERY, URI / BISHARA, AZMI (Hrsg.), *Die Jerusalemfrage: Israelis und Palästinenser im Gespräch*, Heidelberg: Palmyra, 1996

B

BERNSTEIN / HAMDAN / SCHNEIDER (Hrsg.), *Der Palästinakonflikt: Geschichte, Positionen, Perspektiven*, Bad Wörrishofen: Sachon, 1982

BLUMENWITZ, DIETER / MURSWIEK, DIETRICH (Hrsg.), *Aktuelle rechtliche und praktische Fragen des Volksgruppen- und Minderheitenschutzrechts*, Köln: Wissenschaft und Politik, 1994

BLUMENWITZ, DIETER (Hrsg.), *Das Recht auf die Heimat im zusammenwachsenden Europa: Ein Grundrecht für nationale Minderheiten und Volksgruppen*, Frankfurt am Main: Lang, 1995

BOWEN, STEPHAN (Hrsg.), *Human Rights, Self-determination and Political Change in the Occupied Palestinian Territories*, The Hague: Kluwer Law International, 1997

C

COTRAN, EUGENE / MALLAT, CHIBLI (Hrsg.), *The Arab-Israeli Accords: Legal Perspectives*, The Hague/Boston/London: Kluwer Law International, 1996

D

DINSTEIN, YORAM (Hrsg.), *Models of Autonomy*, New Brunswick/London: Transaction Books, 1981

F

FERDOWSI, MIR A. (Hrsg.), *Die Welt der 90er Jahre: Das Ende der Illusionen*, Bonn: Dietz, 1995

FERDOWSI, MIR A. (Hrsg.), *Stand und Perspektiven des Nahost-Friedensprozesses*, Arbeitspapiere zu Problemen der Internationalen Politik und der Entwicklungsländerforschung, Nr. 29/2000, Forschungsstelle Dritte Welt am Geschwister-Scholl-Institut für Politische Wissenschaft der Ludwig-Maximilians-Universität München

H

HAUCHLER, INGOMER / MESSNER, DIRK / NUSCHELER, FRANZ (Hrsg.), *Globale Trends 2000: Fakten, Analysen, Prognosen*, Fischer: Frankfurt a.M., 1999

HEINTZE, HANS-JOACHIM (Hrsg.), *Selbstbestimmungsrecht der Völker – Herausforderungen der Staatenwelt: Zerfällt die internationale Gemeinschaft in Hunderte von Staaten ?*, Bonn: Dietz, 1997

HERDER VERLAG (Hrsg.), *Herder Lexikon: Politik*, 7., aktualisierte, erweiterte Auflage, Freiburg im Breisgau: Herder, 1995

K

KÖCHLER, HANS (Hrsg.), *The Legal Aspects of the Palestine Problem – With Special Regard to the Question of Jerusalem*, Wien: Braumüller, 1981

KONRAD-ADENAUER-STIFTUNG (Hrsg.), *Der Nahe Osten und der Euro-Arabische Dialog auf dem Hintergrund des israelisch-palästinensischen Friedensprozesses*, St. Augustin 1995

M

MEJCHER, HELMUT (Hrsg.), *Die Palästina-Frage 1917 – 1948: Historische Ursprünge und internationale Dimensionen eines Nationenkonflikts*, 2., überarbeitete und erweiterte Auflage, Paderborn: Schöningh, 1993

O

OPITZ, PETER J. (Hrsg.), *Der globale Marsch: Flucht und Migration als Weltproblem*, München: Beck, 1997

S

SCHEUMANN, WALTINA / SCHIFFLER, MANUEL (Hrsg.), *Water in the Middle East: Potential for Conflicts and Prospects for Cooperation*, Berlin/Heidelberg: Springer, 1998

SHAPIRA, AMOS / TABORY, MALA (Hrsg.), *New Political Entities in Public and Private International Law – With Special Reference to the Palestinian Entity*, The Hague/Boston/London: Kluwer Law International, 1999

SIMMA, BRUNO (Hrsg.), *Charta der Vereinten Nationen: Kommentar*, München: Beck, 1991

V

VOLLE, ANGELIKA / WEIDENFELD, WERNER (Hrsg.), *Frieden im Nahen Osten ? Chancen, Gefahren, Perspektiven*, Bonn: Verlag für Internationale Politik, 1997

c. Essays

A

ABDUL HADI, MAHDI, *Assessment of the Palestinian Elections*, in: DERS. (Hrsg.), *Dialogue on Palestinian State-Building and Identity: PASSIA Meetings and Lectures 1995-1998*, Jerusalem: PASSIA (Palestinian Academic Society for the Study of International Affairs), 1999, S. 11-13

ABDUL QADER, HATEM, *The Palestinian Legislative Council and Civil Society*, in: ABDUL HADI, MAHDI (Hrsg.), *Dialogue on Palestinian State-Building and Identity: PASSIA Meetings and Lectures 1995-1998*, Jerusalem: PASSIA (Palestinian Academic Society for the Study of International Affairs), 1999, S. 86-94

ABU AMR, ZIAD, *The Palestinian Legislative Council*, in: ABDUL HADI, MAHDI (Hrsg.), *Dialogue on Palestinian State-Building and Identity: PASSIA Meetings and Lectures 1995-1998*, Jerusalem: PASSIA (Palestinian Academic Society for the Study of International Affairs), 1999, S. 25-29

ASSEBURG, MURIEL, *Der palästinensische Staatsbildungsprozeß: Fortschritte, Hindernisse und Zukunftsaussichten*, in: FERDOWSI, MIR A. (Hrsg.), *Stand und Perspektiven des Nahost-Friedensprozesses*, Arbeitspapiere zu Problemen der Internationalen Politik und der Entwicklungsländerforschung, Nr. 29 / 2000, S. 16-33

B

BÄCHLER, GÜNTHER, *Umwelt und Konflikte*, in: HAUCHLER, INGOMER / MESSNER, DIRK / NUSCHELER, FRANZ (Hrsg.), *Globale Trends 2000: Fakten, Analysen, Prognosen*, Frankfurt a.M.: Fischer, 1999, S. 319-343.

BARANDAT, JÖRG / KAPLAN, AYTÜL, *International Water Law: Regulations for Cooperation and the Discussion of the International Water Convention*, in: SCHEUMANN, WALTINA / SCHIFFLER, MANUEL (Hrsg.), *Water in the Middle East: Potential for Conflicts and Prospects for Cooperation*, Berlin/Heidelberg: Springer, 1998, S. 11-30

BAUMGARTEN, HELGA, *Die palästinensische Nationalbewegung vom Anfang des Jahrhunderts bis Mitte der 60er Jahre*, in: BERNSTEIN / HAMDAN / SCHNEIDER (Hrsg.), *Der Palästinakonflikt: Geschichte, Positionen, Perspektiven*, Bad Wörrishofen: Sachon, 1982, S. 61-80

BECK, MARTIN, *Der israelisch-palästinensische Friedensprozeß*, in: Aus Politik und Zeitgeschichte, Beilage zur Wochenzeitung Das Parlament, B 18 / 96, 26. April 1996, S. 3-11

BLUMENWITZ, DIETER, *Das Recht auf die Heimat*, in: DERS. (Hrsg.), *Das Recht auf die Heimat im zusammenwachsenden Europa: Ein Grundrecht für nationale Minderheiten und Volksgruppen*, Frankfurt am Main: Lang, 1995, S. 41-64

BRYNEN, REX, *The Neopatrimonial Dimension of Palestinian Politics*, in: Journal of Palestine Studies XXV, no. 1 (Autumn 1995), S. 23-36

BUSSE, DANIEL, *New Political Entities and the Conflict of Laws: A German View*, in: SHAPIRA, AMOS / TABORY, MALA (Hrsg.), *New Political Entities in Public and Private International Law – With Special Reference to the Palestinian Entity*, The Hague/Boston/London: Kluwer Law International, 1999, S. 115-138

C

CASSESE, ANTONIO, *Legal Considerations on the International Status of Jerusalem*, in: KÖCHLER, HANS (Hrsg.), *The Legal Aspects of the Palestine Problem – With Special Regard to the Question of Jerusalem*, Wien: Braumüller 1981, S. 144-153

D

DINER, DAN, *Ein Land, ein Grundkonsens und viele Stimmen - Variationen des Zionismus in Israel*, in: Das Parlament, Nr. 14, 27. März 1998, Thema: Fünfzig Jahre Israel 1948-1998

DOEHRING, KARL, *Das Selbstbestimmungsrecht der Völker*, in: SIMMA, BRUNO (Hrsg.), *Charta der Vereinten Nationen: Kommentar*, München: Beck, 1991, S. 15-32

DOMBROWSKY, INES, *The Jordan River Basin: Prospects for Cooperation Within the Middle East Peace Process ?*, in: SCHEUMANN, WALTINA / SCHIFFLER, MANUEL (Hrsg.), *Water in the Middle East: Potential for Conflicts and Prospects for Cooperation*, Berlin/Heidelberg: Springer, 1998, S. 91-112

E

ELMUSA, SHARIF S., *The Jordan-Israel Water Agreement: A Model or an Exception ?*, in: COTRAN, EUGENE / MALLAT, CHIBLI (Hrsg.), *The Arab-Israeli Accords: Legal Perspectives*, The Hague/Boston/London: Kluwer Law International 1996, S. 199-212

ESHEL, DAVID, *Der Staat Palästina und die Sicherheit Israels*, in: Europäische Sicherheit, Nr. 1, Januar 2000, S. 39-41

F

FALK, RICHARD, *Some International Law Implications of the Oslo/Cairo Framework for the P.L.O./Israeli Peace Talks*, in: BOWEN, STEPHAN (Hrsg.), *Human Rights, Self-determination and Political Change in the Occupied Palestinian Territories*, The Hague: Kluwer Law International, 1997, S. 1-23

FERDOWSI, MIR A., *Frieden im Nahen Osten oder die Suche nach der Quadratur des Kreises*, in: DERS. (Hrsg.), *Stand und Perspektiven des Nahost-Friedensprozesses*, Arbeitspapiere zu Problemen der Internationalen Politik und der Entwicklungsländerforschung, Nr. 29 / 2000, Forschungsstelle Dritte Welt am Geschwister-Scholl-Institut für Politische Wissenschaft der Ludwig-Maximilians-Universität München, S. 1-15

FERDOWSI, MIR A., *Naher und Mittlerer Osten*, in: OPITZ, PETER J. (Hrsg.), *Der globale Marsch: Flucht und Migration als Weltproblem*, München: Beck, 1997, S. 223-240

FERDOWSI, MIR A., *Naher und Mittlerer Osten – vom regionalen Sicherheitssystem zum Bilateralismus ?*, in: DERS. (Hrsg.), *Die Welt der 90er Jahre: Das Ende der Illusionen*, Bonn: Dietz, 1995, S. 171-183

G

GASSER, HANS-PETER, *The Geneva Conventions and the Autonomous Territories in the Middle East*, in: BOWEN, STEPHEN (Hrsg.), *Human Rights, Self-determination and Political Change in the Occupied Palestinian Territories*, The Hague: Kluwer Law International, 1997, S. 291-300

GIANNIOS, SUSANNE, *Die Palästina-Frage. Völkerrechtliche Aspekte der israelisch-palästinensischen Kontroverse um den Endstatus*, in: Ordo Inter Nationes. Internationale Politik – Analysen, Nr. 17 / 2001, S. 1-60

GIEGERICH, THOMAS, *The Palestinian Autonomy and International Human Rights Law: Perspectives on an Ongoing Process of Nation-Building*, in: SHAPIRA, AMOS / TABORY, MALA (Hrsg.), *New Political Entities in Public and Private International Law – With Special Reference to the Palestinian Entity*, The Hague/Boston/London: Kluwer Law International, 1999, S. 183-230

GORNIG, GILBERT, *Der Inhalt des Selbstbestimmungsrechts*, in: Politische Studien, Sonderheft 6 / 1993, Thema: Selbstbestimmungsrecht und Frieden, S. 11-29

H

HUNEIDI, SAHAR, *Was Balfour Policy Reversible ? The Colonial Office and Palestine, 1921-23*, in: Journal of Palestine Studies XXVII, no. 2 (Winter 1998), S. 23-41

J

JIRBAWI, ALI / NOFAL, MAMDOUH, *Palestinian National Identity and the Relation between the Returnees and the People of the Homeland*, in: ABDUL HADI, MAHDI (Hrsg.), *Dialogue on Palestinian State-Building and Identity: PASSIA Meetings and Lectures 1995-1998*, Jerusalem: PASSIA (Palestinian Academic Society for the Study of International Affairs), 1999, S. 56-66

K

KHALIDI, WALID, *Revisiting the UNGA Partition Resolution*, in: Journal of Palestine Studies, Volume XXVII, no. 1 (Autumn 1997), S.5-21

KLEIBOER, MARIEKE, *Understanding Success and Failure of International Mediation*, in: Journal of Conflict Resolution, Vol. 40 No. 2, June 1996, S. 360-389

L

LAPIDOTH, RUTH, *Autonomy and Sovereignty – Are They Mutually Exclusive ?*, in: SHAPIRA, AMOS / TABORY, MALA (Hrsg.), *New Political Entities in Public and Private International Law – With Special Reference to the Palestinian Entity*, The Hague/Boston/London: Kluwer Law International, 1999, S. 3-15

LAPIDOTH, RUTH, *Security Council Resolution 242 at Twenty Five*, in: Israel Law Review, Vol. 26, 1992, S. 295-318

LERNER, NATHAN, *Minority Rights and the New Political Entities in International Law*, in: SHAPIRA, AMOS / TABORY, MALA (Hrsg.), *New Political Entities in Public and Private International Law – With Special Reference to the Palestinian Entity*, The Hague/Boston/London: Kluwer Law International, 1999, S. 247-262

LUSTICK, IAN S., *Zankapfel Jerusalem: Plädoyer für einen neuen Status*, in: VOLLE, ANGELIKA / WEIDENFELD, WERNER (Hrsg.), *Frieden im Nahen Osten ? Chancen, Gefahren, Perspektiven*, Bonn: Verlag für Internationale Politik, 1997, S. 1-12

M

MALLISON, SALLY V. / MALLISON, W. THOMAS, *The Jerusalem Problem in public international law: Juridical Status and a start towards solution*, in: KÖCHLER, HANS (Hrsg.), *The Legal Aspects of the Palestine Problem – With Special Regard to the Question of Jerusalem*, Wien: Braumüller, 1981, S. 98-119

MATARASSO, LÉO, *Le Statut de Jerusalem en droit international avant l'occupation totale de la ville par Israel, le 7 juin 1967*, in: KÖCHLER, HANS (Hrsg.), *The Legal Aspects of the Palestine Problem – With Special Regard to the Question of Jerusalem*, Wien: Braumüller, 1981, S. 164-171

MEZVINSKY, NORTON, *The Palestinian People and the Right of Self-Determination*, in: KÖCHLER, HANS (Hrsg.), *The Legal Aspects of the Palestine Problem – With Special Regard to the Question of Jerusalem*, Wien: Braumüller, 1981, S. 34-49

P

PAPPE, ILAN, *Von Lausanne nach Oslo: Zur Geschichte des israelisch-palästinensischen Konflikts*, in: Aus Politik und Zeitgeschichte: Beilage zur Wochenzeitung Das Parlament, B 14 / 98, 27. März 1998, S. 30-38

PIPES, DANIEL, *Zwei „Teams" im Nahen Osten: Syrien und Iran gegen Israel und die Türkei*, in: Internationale Politik, Nr. 7, Juli 1999, S. 17-24

Q

QIGLEY, JOHN, *Displaced Palestinians and a Right of Return*, in: Harvard International Law Journal, Volume 39, No. 1, Harvard Law School, Cambridge, 1998, S. 171-229

QÂSIMIYYA, CHAIRIYYA, *Palästina in der Politik der arabischen Staaten 1918-1948*, in: MEJCHER, HELMUT (Hrsg.), *Die Palästina-Frage 1917 – 1948: Historische Ursprünge und internationale Dimensionen eines Nationenkonflikts*, Paderborn: Schöningh, 1993, S. 123-188

R

REGAN, PATRICK M., *Conditions of Successful Third-Party Intervention in Intrastate Conflicts*, in: Journal of Conflict Resolution, Vol. 40 No. 2, June 1996, S. 336-359.

RAUSCHING, DIETRICH, *Das internationale Treuhandsystem*, in: SIMMA, BRUNO (Hrsg.), *Charta der Vereinten Nationen: Kommentar*, München: Beck, 1991

RENGER, JOCHEN, *The Middle East Peace Process: Obstacles to Cooperation over Shared Waters*, in: SCHEUMANN, WALTINA / SCHIFFLER, MANUEL (Hrsg.), *Water in the Middle East: Potential for Conflicts and Prospects for Cooperation*, Berlin/Heidelberg: Springer, 1998, S. 47-55

S

SAYIGH, YEZID, *Redifining the Basics: Sovereignty and Security of the Palestinian State*, in: Journal of Palestine Studies XXIV, no. 4 (Summer 1995), S. 5-19

SCHIFFLER, MANUEL, *Konflikte um Wasser – ein Fallstrick für den Friedensprozeß im Nahen Osten ?*, in: Aus Politik und Zeitgeschichte, Beilage zur Wochenzeitung Das Parlament, B 11 / 95, 10. März 1995, S. 13-21

SCHÖLCH, ALEXANDER, *Europa und Palästina 1838-1917*, in: MEJCHER, HELMUT (Hrsg.), *Die Palästina-Frage 1917 – 1948: Historische Ursprünge und internationale Dimensionen eines Nationenkonflikts*, 2., überarbeitete und erweiterte Auflage, Paderborn: Schöningh, 1993, S. 13-47

STEINBACH, UDO, *Das Gaza-Jericho-Abkommen: Wegmarke im Friedensprozeß*, in: Aus Politik und Zeitgeschichte, Beilage zur Wochenzeitung Das Parlament, B 21-22 / 94, 27. Mai 1994, S. 3-12

STOLL, TOBIAS, *Sharing and Transferring Responsibilities for Security and Public Order*, in: SHAPIRA, AMOS / TABORY, MALA (Hrsg.), *New Political Entities in Public and Private International Law – With Special Reference to the Palestinian Entity*, The Hague/Boston/London: Kluwer Law International, 1999, S. 153-180

STUBY, GERHARD, *Universalismus versus Partikularismus: Die Menschenrechte der dritten Generation*, in: Aus Politik und Zeitgeschichte, Beilage zur Wochenzeitung Das Parlament, B 46-47 / 98, 6. November 1998, S. 27-35

T

THÜRER, DANIEL, *Das Subjekt des Selbstbestimmungsrechts*, in: Politische Studien, Sonderheft 6 / 1993, Thema: Selbstbestimmungsrecht und Frieden, S. 30-39

TOPHOVEN, ROLF, *Die Geschichte des jüdischen Staates*, in: *Israel: Geschichte, Wirtschaft, Gesellschaft*, Reihe: Informationen zur politischen Bildung Nr. 247, Bonn 1995, S. 3-8

TOPHOVEN, ROLF, *Erste Jahrzehnte des Nahostkonflikts*, in: *Israel: Geschichte, Wirtschaft, Gesellschaft*, Reihe: Informationen zur politischen Bildung Nr. 247, Bonn 1995, S. 9-14

W

WILD, STEFAN, *Zum Selbstverständnis palästinensisch-arabischer Nationalität* in: MEJCHER, HELMUT (Hrsg.), *Die Palästina-Frage 1917–1948: Historische Ursprünge und internationale Dimensionen eines Nationenkonflikts*, Paderborn: Schöningh, 1993, S. 75-88

Z

ZIMMERMANN, ANDREAS, *The Nationality of the Inhabitants of the Palestinian Autonomous Territories*, in: SHAPIRA, AMOS / TABORY, MALA (Hrsg.), *New Political Entities in Public and Private International Law – With Special Reference to the Palestinian Entity*, The Hague/Boston/London: Kluwer Law International, 1999, S. 231-246

d. Studien

AMNESTY INTERNATIONAL (Hrsg.), *Israel and the Occupied Territories – Demolition and dispossession: the destruction of Palestinian homes*, Dezember 1999, AI Index: MDE 15/59/99, London 1999

BUNDESMINISTERIUM FÜR WIRTSCHAFTLICHE ZUSAMMENARBEIT UND ENTWICKLUNG (Hrsg.), *Palästinensische Gebiete: Länderbericht*, Bonn, 1998 bzw. 2000

CIA, *The World Factbook 2000*, Daten abrufbar unter:
http://www.cia.gov/cia/publications/factbook/geos/we.html für die Westbank,
http://www.cia.gov/cia/publications/factbook/geos/gz.html für den Gazastreifen

Der Delegierte der Deutschen Wirtschaft in den palästinensischen Gebieten (Hrsg.), *Leitfaden für Geschäftsreisende in den palästinensischen Gebieten*, Ramallah 1997

Der Delegierte der Deutschen Wirtschaft in Palästina (Hrsg.), *Wirtschaftsbericht Palästina*, Ramallah 1998

Munzinger-Archiv/IH-Länder aktuell, Infobase Land, Land: Palästina

Palestine Liberation Organization – Department of Refugee Affairs (Hrsg.), *The Palestinian Refugees 1948-2000: Factfile*, Jerusalem/Ramallah, 2000

U.S. Department of State – Bureau of Democracy, Human Rights, and Labor (Hrsg.), *Country Reports on Human Rights Practices for 1999: The Occupied Territories (including areas subject to the jurisdiction of the Palestinian Authority)*, Februar 2000, unter:
http://www.usis.usemb.se/human/human1999/occterr.html

e. Veröffentlichungen in der Presse

B

Badde, Paul, *In Jerusalem treffen unvereinbare Ansprüche aufeinander: Drei Heiligtümer der Welt auf einem Platz vereint*, in: Die Welt, 19. Juli 2000

Bednarz, Dieter / Grossbongardt, Annette / Windfuhr, Volkhard, *Logenplatz für den Präsidenten: Eine Bahntrasse zwischen den palästinensischen Enklaven und eine eigene Währung – Arafats Traum vom eigenen Staat nimmt Gestalt an*, in: Der Spiegel, Nr. 19 / 2000, S. 214-219

Bednarz, Dieter / Follath, Erich / Grossbongardt, Annette, *„Schlachthaus der Religionen"*, in: Der Spiegel, Nr. 42 / 2000, S. 238-251

Bednarz, Dieter / Grossbongardt, Annette / Windfuhr, Volkhard, *„Unser Blut für Arafat"*, in: Der Spiegel, Nr. 43 / 2000, S. 204-206

BERNSTEIN, REINER, *Der souveräne Staat Palästina läßt auf sich warten: Auftrieb für binationale und föderative Konzepte nach dem Scheitern von Camp David ?*, in: Frankfurter Allgemeine Zeitung, Nr. 178, 3. August 2000

BEYER, LISA, *Breaking Point: In the blink of an eye, the Holy Land descends from near peace to brutal madness*, in: Time, Vol. 156, No. 17, 23. Oktober 2000, S. 34-39

BIRNBAUM, MICHAEL, *Der große Unterschied: Warum der Ausgleich in Südafrika kein Modell ist für den Frieden in Nahost*, in: Süddeutsche Zeitung, 5./6. August 2000

C

CHESNOT, CHRISTIAN, *Pénurie d'eau au Proche-Orient: un enjeu méconnu des négociations israélo-arabes*, in: Le Monde Diplomatique, Februar 2000

CORBIN, JANE, *Ein jegliches hat seine Zeit: Die Geheimverhandlungen zwischen den Israelis und der PLO in Norwegen*, in: Der Spiegel, Nr. 7-9 / 1994

D

DACHS, GISELA, *Ein Gordischer Knoten: Solange das Schicksal der palästinensischen Flüchtlinge nicht geklärt ist, gibt es keinen Frieden*, Teil 1 einer vierteiligen Serie über die Grundprobleme im Nahen Osten, in: Die Zeit, Nr. 38, 16. September 1999

DACHS, GISELA, *Kompromisse sind tabu: Aber dennoch wird darüber geredet. Denn im Konflikt um Jerusalem ist nahezu alles Psychologie*, Teil 3 einer vierteiligen Serie über die Grundprobleme im Nahen Osten, in: Die Zeit, Nr. 42, 14. Oktober 1999

DACHS, GISELA, *Retuschen an der Grünen Linie: Wo verläuft die Grenze zwischen Israel und Palästina ?*, Teil 2 einer vierteiligen Serie über die Grundprobleme im Nahen Osten, in: Die Zeit, Nr. 40, 30. September 1999

DACHS, GISELA, *Wasser für alle: Die trockene Wirklichkeit der Region zwingt Israelis und Palästinenser zur Zusammenarbeit*, Teil 4 einer vierteiligen Serie über die Grundprobleme im Nahen Osten, in: Die Zeit, Nr. 45, 4. November 1999

G

GROSSBONGARDT, ANNETTE, *Fische in der Wüste*, in: Der Spiegel, Nr. 21 / 2000, S. 168-172.

GROSSBONGARDT, ANNETTE, *Gipfel des Konflikts*, in: Der Spiegel, Nr. 29 / 2000, S. 126 f.

K

KOCHER, VICTOR, *Einschweben in „Gazustan": Arafats Palästinenserstaat – je greifbarer, desto unwirklicher*, in: Neue Zürcher Zeitung, Nr. 95, 22./23. April 2000

KOCHER, VICTOR, *Jerusalem – Nadelöhr zum Nahostfrieden: Sich ausschliessende Souveränitätsansprüche*, in: Neue Zürcher Zeitung, Nr. 210, 9./10. September 2000

KOCHER, VICTOR, *Selbstkritik als Weg zum Nahostfrieden*, in: Neue Zürcher Zeitung, Nr. 277, 27. November 2000.

KOCHER, VICTOR, *Wer gewinnt eine Intifada mit Freischärlern ?: Der Aufstand als letzte Chance der Palästinenser*, in: Neue Zürcher Zeitung, Nr. 270, 18./19. November 2000

L

LAURENS, HENRY, *Israel und seine Grenzen*, in: Le Monde Diplomatique, Mai 2000

M

MEIER, REINHARD, *Keine Vernunft ohne Vermittler in Nahost*, in: Neue Zürcher Zeitung, Nr. 243, 18. Oktober 2000.

P

PERES, SHIMON, *Why Israel needs a Palestinian state*, Essay veröffentlicht in: Le Monde, hier im Internet abgerufen unter:
http://www.ariga.com/peresonplatstate.htm

R

RATH, ARI, *Hier ist Irdisches und Himmlisches ganz nah beieinander: Jerusalem ist für alle da - Gegen den jüdisch-orthodoxen Alleinanspruch*, in: Das Parlament, Nr. 14, Thema: Fünfzig Jahre Israel 1948-1998, 27. März 1998

RÖßLER, HANS-CHRISTIAN, *Vielen Palästinensern im Flüchtlingslager hilft nur die Flucht in die Vergangenheit – und das seit 52 Jahren: Israel will keine moralische Verantwortung übernehmen - Auch im palästinensischen Alltag ist wenig Solidarität mit den Vertriebenen zu spüren*, in: Frankfurter Allgemeine Zeitung, Nr. 181, 7. August 2000

RÖßLER, HANS-CHRISTIAN, *Wirkliche Unabhängigkeit bleibt ein fernes Ziel: Der mögliche Staat Palästina wurde im Lauf der Jahre immer kleiner*, in: Frankfurter Allgemeine Zeitung, Nr. 213, 13. September 2000

S

SAID, EDWARD, *Palästinas Tragödie*, in: Der Spiegel, Nr. 20 / 1998, S. 155-158

SCHMITZ, THORSTEN, *Die Pfütze Genezareth: Israel – ein Land steht vor dem Austrocknen*, in: Süddeutsche Zeitung, Nr. 232, 7. Oktober 1999

STÜRMER, MICHAEL, *Frieden in letzter Minute*, in: Die Welt, 14. Juni 2000

SZPIRO, GEORGE, *Verwirrende Jerusalem-Debatte: Streit um unklare Kompromisslösungen*, in: Neue Zürcher Zeitung, Nr. 171, 25. Juli 2000

SZPIRO, GEORGE, *Israels Debatte um Zukunft der Siedlungen: Rückzug und Gebietsabtausch als Lösungsvorschläge*, in: Neue Zürcher Zeitung, Nr. 260, 7. November 2000

W

WEHRENFELS, ISABELLE, *Siedeln um die Wette in der Patriarchenstadt Hebron: Palästinensisches Projekt zur Verteidigung der Altstadt*, in: Neue Zürcher Zeitung, Nr. 184, 10. August 2000

WINDFUHR, VOLKHARD, *„Der Friedensprozess ist tot"*, Interview mit Marwan Barghuti, PLO-Sprecher, in: Der Spiegel, Nr. 43 / 2000, S. 208

WOKER, MARTIN, *Blut und Bomben in Palästina*, in: Neue Zürcher Zeitung, Nr. 258, 4./5. November 2000

WOKER, MARTIN, *Die Heilige Stadt in der Hand der Frommen: Jerusalems Altstadt und die Nähe zu Gott*, in: Neue Zürcher Zeitung, Nr. 227, 29. September 2000

WOKER, MARTIN, *Nahostfriedensprozess ?*, in: Neue Zürcher Zeitung, Nr. 270, 18./19. November 2000

WOKER, MARTIN, *Stunde der Wahrheit für die Palästinenser: Eigenstaatlichkeit oder langfristige Abhängigkeit von Israel ?*, in: Neue Zürcher Zeitung, Nr. 263, 10. November 2000

Ohne Autorenangabe:

For Palestine, bring in Solomon: Israel and the Palestinians are getting nowhere in their pursuit of peace. What if both Ehud Barak and Yasser Arafat decide to go for broke ?, in: The Economist, 27. Mai 2000, S. 20-24

Thematisch relevante Zeitschriften und Zeitungen:

deutschsprachig:

Aus Politik und Zeitgeschichte
Der Spiegel
Die Welt
Die Zeit
Frankfurter Allgemeine Zeitung
Neue Zürcher Zeitung

englischsprachig:

American Journal of International Law
Archiv des Völkerrechts
Journal of Conflict Resolution
Journal of Palestine Studies
Ha'aretz – English Edition (israelische Tageszeitung)
Orient
Palestine Times (palästinensische Monatszeitschrift)
The Economist

The Jerusalem Post (israelische Tageszeitung)
The Jerusalem Times (palästinensische Wochenzeitschrift)
The Middle East Journal
Third World Quarterly
Time
Water International

französischsprachig:

Le Monde Diplomatique

3. Internetquellen

a. Forschungszentren und Institute

Al Azhar University, Gaza: http://www.alashar-gaza.edu
Al Quds University: http://www.geocities.com
Applied Research Institute, Jerusalem: http://www.arij.org
Birzeit University: http://www.birzeit.edu
Center for Middle East Studies, Harvard University:
http://www.fas.harvard.edu/~mideast
Center for Palestine Research and Studies: http://www.cprs-palestine.org
Hebrew University, Jerusalem: http://www.huji.ac.il
Israel-Palestine Center for Research and Information:
http://www.pirsonet.co.il/IPCRI
Palestinian Academic Society for the Study of International Affairs (PASSIA):
http://www.passia.org
Tel Aviv University: http://www.tau.ac.il
Texas University: http://www.utexas.edu
US Strategieforschungszentrum: http://www.stratfor.com

b. Medien

Bayern 5 Aktuell: http://www.br-online.de/b5aktuell/home.html
Die Welt: http://www.welt.de
Die Zeit: http://www.zeit.de
Frankfurter Allgemeine: www.faz.de
Ha'aretz – English Edition: http://www.haaretz.il
Neue Zürcher Zeitung: http://www.nzz.ch
Palestine Times: http://www.ptimes.com

Süddeutsche Zeitung: http://www.sueddeutsche.de
The Jerusalem Post: http://www.jpost.com
The Jerusalem Times: http://www.jerusalem-times.htm

c. Nichtregierungsorganisationen und Vereinte Nationen

Amnesty International: http://www.amnesty.org
Ariga: http://www.ariga.com
Palestinian Conflict Resolution Center – Wi'am: http://www.planet.edu/~alaslah
Peace Now, Israelische Friedensbewegung: http://www.peace-now.org
Peres Center for Peace: http://www.peres-center.co.il
Permanent Observer Mission of Palestine: http://www.Palestine-un.org
United Nations Special Coordinator for the Occupied Territories (UNSCO): http://www.arts.mcgill.ca/mepp/unsco/unfront.html
United Nations Development Program of Assistance of Palestinian People (UNDP): http://www.papp.undp.org
Vereinte Nationen: http://www.un.org
Weltbank: http://www.worldbank.org

d. Regierung und Parteien

Fatah: http://www.fateh.org
Hamas: http://www.palestine-info.org/hamas/index-h.html
Israelisches Außenministerium: http://www.mfa.gov.il
Israelische Botschaft in der Bundesrepublik Deutschland: http://www.botschaft/israel.de
Palestinian Central Bureau of Statistics (PCBS): http://www.pcbs.org/
Palestinian National Authority: http://www.pna.net
PLO-Department of Arab and International Relations: http://www.daeir.org
Palestine Peoples Party:http://www.palpeople.org
United States Information Service – USIS: http://www.usis-israel.org.il/publish/peace/peace1.htm
US State Department: http://www.state.gov/www.current/middle_east/ishome.html

Peter Lang · Europäischer Verlag der Wissenschaften

Philip Spoerri

Die Fortgeltung völkerrechtlichen Besetzungsrechts während der Interimsphase palästinensischer Selbstverwaltung in der West Bank und Gaza

Eine Untersuchung der Abkommen zum israelisch-palästinensischen Friedensprozeß

Frankfurt/M., Berlin, Bern, Bruxelles, New York, Oxford, Wien, 2001. 323 S., 3 Abb.
Europäische Hochschulschriften: Reihe 2, Rechtswissenschaft. Bd. 3114
ISBN 3-631-37612-X · br. DM 98.– / € 50.10*

Seit dem Beginn des israelisch-palästinensischen Friedensprozesses im Herbst 1993 hat sich sowohl in tatsächlicher und rechtlicher Hinsicht in der West Bank und Gaza vieles verändert.
Die in fünf Abschnitten aufgebaute Arbeit befaßt sich zunächst mit den historischen Hintergründen und der aktuellen Einbettung des Themas. Der zweite Abschnitt ist einer kurzen Einführung in das völkerrechtliche Recht der Besetzung gewidmet. Im dritten Abschnitt wird als Ausgangspunkt die Anwendbarkeit des völkerrechtlichen Besetzungsrechts auf die von Israel besetzten Gebiete bis zum Inkrafttreten der Interimsabkommen und damit des neuen und besonderen Regimes festgestellt. Es folgt der Schwerpunkt der Untersuchung, in dem die rechtliche Ausgestaltung der Interimsphase vom Osloer Abkommen im September 1993 bis zum Wye River Memorandum vom Oktober 1998 in der West Bank und Gaza dargestellt wird. Der fünfte Abschnitt ist wieder mit dem völkerrechtlichen Recht der Besetzung und hier insbesondere mit der Frage befaßt, ob und gegebenenfalls wie weit die allgemeinen völkerrechtlichen Regelungen durch die Interimsabkommen und die anderen rechtlichen Instrumente verdrängt bzw. diesen Grenzen gesetzt werden.

Frankfurt/M · Berlin · Bern · Bruxelles · New York · Oxford · Wien
Auslieferung: Verlag Peter Lang AG
Jupiterstr. 15, CH-3000 Bern 15
Telefax (004131) 9402131

*inklusive der in Deutschland gültigen Mehrwertsteuer
Preisänderungen vorbehalten

Homepage http://www.peterlang.de

FSC
www.fsc.org
MIX
Papier | Fördert
gute Waldnutzung
FSC® C083411

Kolibri 360 GmbH
Ferdinand-Jühlke-Straße 7
99095 Erfurt, Deutschland
produktsicherheit@kolibri360.de

Druck:
CPI Druckdienstleistungen GmbH
im Auftrag der
Kolibri 360 GmbH
Ferdinand-Jühlke-Str. 7
99095 Erfurt